本书属于国家自然科学基金重点项目（71333007）子课题“中国企业转型升级的机制与政策”研究成果系列丛书——“中国企业转型升级论丛”

徐嘉莉 / 著

企业的互联网变革

基于中国家族企业电子商务采纳行为的影响机制研究

THE INTERNET-BASED TRANSFORMATION OF CONTEMPORARY CHINESE ENTERPRISE

RESEARCH ON THE IMPACT OF MECHANISM OF E-COMMERCE ADOPTION IN CHINESE FAMILY BUSINESS

南方日报出版社
NANFANG DAILY PRESS
中国·广州

图书在版编目（CIP）数据

企业的互联网变革 ：基于中国家族企业电子商务采纳行为的影响机制研究 / 徐嘉莉著. -- 广州 ：南方日报出版社，2020.7

ISBN 978-7-5491-2127-4

Ⅰ. ①企… Ⅱ. ①徐… Ⅲ. ①家族－私营企业－电子商务－研究－中国 Ⅳ. ①F279.245

中国版本图书馆 CIP 数据核字(2020)第 001977 号

QIYE DE HULIANWANG BIANGE

企业的互联网变革 ：基于中国家族企业电子商务采纳行为的影响机制研究

著　　者： 徐嘉莉
出版发行： 南方日报出版社
地　　址： 广州市广州大道中 289 号
出 版 人： 周山丹
责任编辑： 刘志一　陈　焱
责任技编： 王　兰
封面设计： 肖晓文
责任校对： 魏智宏
经　　销： 全国新华书店
印　　刷： 广州市尚铭印刷有限公司
开　　本： 787mm×1092mm　1/16
印　　张： 11
字　　数： 160 千字
版　　次： 2020 年 7 月第 1 版
印　　次： 2020 年 7 月第 1 次印刷
定　　价： 48.00 元

投稿热线：（020）87360640　　读者热线：（020）87363865

序一

这篇序言要从与徐嘉莉女士的相识谈起。本人多年来致力于中国家族企业治理与相关前沿研究，一直与实体家族企业紧密联系并帮助推动学院与企业之间的学术研究与互补。与嘉莉的缘起是她对其家族企业面临行业冲击与改革有不少困惑，而当前可指导实证的研究少之又少。嘉莉深信，通过对自身企业的剖析并共享其研究成果，能对本土其他家族企业提供一点借鉴和警示，因此带着这小小的梦想而拜我为师。她作为本土家族企业的第二代接班人，其家族企业又搭乘了我国改革开放的早班车，在珠三角高速蓬勃发展的轻纺行业中曾做到全国前三的规模。正因是最早一批崛起的家族企业，也恰恰是正值代际传承与行业换代洗牌的双重风口上，嘉莉既有置身改革中的天然优势，又承受着学术研究与其家族企业换血阵痛同时进行的挑战。对于在职博士生须“工作研究两手抓”本已不是轻松的事，而对于既是企业主又是博士研究生的嘉莉来说，就更是难上加难。

值得一提的是，这两重身份之外，嘉莉在生活中还是四个孩子的母亲，每天须在企业、研究、生活、孩子四方面中穿梭。此书初稿是嘉莉在孕育第三个孩子时完成的。还记得嘉莉在完成整个博士论文答辩之后，轻描淡写地分享了一个故事。她开玩笑地说此书是呕心沥血之作，无他，因为恰逢早孕时期，非但每天无法进食，身体异常虚弱，还因妊娠反应而呕吐严重。本书的最初稿是嘉莉卧床两周无力下床、躺在床上于“孕吐与敲键盘”中切换而完成的。对于嘉莉的学习精神，我深受感动。

作为博士生导师，我对于学术有着极致的追求，甚少考虑到学生特别是在职学生还面临着社会中各方面的压力，而是希望他们做学术能够精益求精，更好一点，更完善一点。嘉莉面对这样的压力，没有任何怨言，也没有把生活当中的压力带到学习中来，反而竭尽所能达到我所设定的目标，这一点，让我印象深刻，尤其考虑到她是四个孩子的母亲，这一点尤为难能可贵，这也是做学问的人值得赞赏的品质：不畏困难，迎难而上。

最后，让我感到欣慰的是，我不但见证了一位勇于在学术上自我挑战、攀登高峰的女企业家，还亲证了一个夫妻同心、共同进步的模范家庭。嘉莉的丈夫也是一位博士，还是暨南大学特聘校外教授和资深的金融证券行业精英，多年来担任证券公司总裁和多家上市公司的董事。我相信，若非有人生伴侣的启迪与支持，嘉莉孤身完成这一挑战是艰辛的，而这段日子也成了他们家庭一段铭心难忘的珍贵经历，夫妻俩也给他们四个可爱的宝宝树立了积极向上的人生观。言传不如身教，家庭是家族企业的摇篮，有良好家风的家庭才能孕育出未来德风淳厚、勇担大业的社会人才。这让我想起一句名言：最好的关系，不是改变自己成就对方，而是使双方都能成为更优秀的自己！

王　霄
管理学博士、教授、博士生导师
暨南大学管理学院 DBA 教育中心学术主任
暨南大学跨文化管理研究中心执行主任
暨南大学“一带一路”与粤港澳大湾区研究院研究员
广东省产业转型升级协同创新中心高级研究员
广州市产业园区商会创会副会长

序二

本书作者徐嘉莉女士是我的人生伴侣与挚友，当我拿到嘉莉女士厚厚的大作《企业的互联网变革——基于中国家族企业电子商务采纳行为的影响机制研究》，感动与欣慰难以言表。

嘉莉女士作为中国传统意义上的家族企业接班人，直接参与了家族企业的管理工作，克服家族企业内部的重重阻力，推动企业的互联网化与变革，在企业互联网变革相关的流程再造、组织架构调整，以及决策机制重构等管理实践工作上，取得了卓越的成就。在长期的工作实践中，嘉莉女士也遇到了不少现实的困惑——家族企业如何全方位迎接互联网浪潮的挑战？家族企业面对电子商务，应遵循怎样的采纳机制？采纳决策如何可以更顺利？流程当中有哪些阻隔因素，关键变量是什么，如何有效克服？

带着这些困惑与问题，嘉莉女士通过研究发现，现有关于电子商务采纳行为的研究文献尽管众多，但更看重经济性变量，如商业环境、竞争压力、上下游拉动、自身技术条件等企业内外部影响因素；对于非经济性变量，尚较少涉及。如企业互联网变革中决策者所应担当的改革推手的角色，受什么因素影响会导致改革的顺利推进或难以前行？家族成员和泛家族成员如何通过中间机制影响电子商务采纳行为等。

特别是从家族影响因素这一重要的非经济性变量，对于家族企业电子商务采纳行为的影响这一角度，切入研究的文献不多。有少数文献对家族经营的企业进行电子商务采纳研究，其分析侧重点还是环境因素对家族企业策略制定的影响，从而影响电子商务的采纳。同时，关注家族企业和电子商务两个焦点并对它们之间的关联性方面进行研究，是研究上的一个空白点。此外，大多数的研究方法侧重于案例分析，对象也多是中小企业，严谨的、大样本的中国背景家族上市公司的实证研究尚属少数。

因此，嘉莉女士认为，在中国这个民营企业占比居高，且带有家庭或家族成分的民营企业占绝大多数的背景下，为中国家族企业进行电子商务采纳行为提供一个更完整的分析视野而展开研究，具有较强的现实价值和长远意义，也可以为现有研究工作的不足作有意义的补充。

怀抱这一研究上的小小梦想，嘉莉女士有幸就读于暨南大学管理学院，师从博士生导师王霄教授，在名师的悉心指导下，对这些问题的研究渐渐有了较为清晰的答案，并以此成书。

本书的创新之处在于，研究模型构建于组织预期电子商务采纳理论及家族企业非连续创新采纳理论的理论框架之上，并把家族治理和电子商务采纳两个因素同时放在同一个模型进行研究，尝试找出相互间的影响机制，这在理论和研究方法上尚属首创。

本书有意思的结论包括：

组织特性与电子商务采纳之间的关系存在调节作用；组织认知在家族治理与电子商务采纳之间起了完全中介效应；家族所有权负相关影响组织特性；组织外部因素特性正相关电子商务采纳；家族企业可以通过降低所有权提升组织特性，继而加强电子商务的采纳。

让我们十分感动与钦佩的是，嘉莉女士不仅是一位学术上勇攀高峰的求索者，还是一位生活中的伟大母亲。她有四个可爱的宝宝，在孕育第三个宝宝的时候，克服了生活与工作上的困难，挑战自己，让理想照进了现实，努力完成了此书，度过了人生中一段永远值得纪念、意义非凡的时光。

在此，特撰小诗一首，谨表达对徐嘉莉女士的敬意：

勤学暨大满四载，
青春拼搏正当时。
谁言女子非英物，
凯歌声里亦英雄。

是为序。

黄晓坤
管理学博士
暨南大学特聘校外教授

前言

21 世纪全球经济进入全面电子商务时代，电子数据化、云端技术、移动互联网等诸多概念进入民众的日常生活，颠覆着消费者的消费模式和企业的经营模式。随着 5G 技术的到来，世界即将步入一个数据大爆炸的时代，这将是一个跳跃性的发展，是一场变革，它将意味着网络架构将实现颠覆性的转变。它将不再是人与人之间的通信，而是变成人与物、物与物之间的通信。这种大连接、低时延、高速率的网络将会给核心网带来巨大的影响。移动通信系统每十年跃进，技术支持应用，应用基于场景：3G、4G 的发展得益于移动互联网，5G 除了移动互联增强，另一驱动力来自物联网。4G 升级 5G，从移动互联到万物互联时代。我国电子商务的发展，不管是传统行业还是新兴型产业都尝试不同程度地涉足电子商务领域，因为电子商务不仅仅是销售渠道的扩展，更是消费意识形态在发生根本性的变化。早期先是以晚周期传统行业如消费类行业较多开展电子商务采纳，随着电子时代的全面拉开序幕，早周期行业亦开始电子商务的采纳，如最新热议的能源互联网。因此电子商务不单单是少数行业的渠道创新，也是新信息革命对原有行业的一次采纳升级的挑战。加上国际经济形式的各种动态变化的大时代背景下，中美贸易战、英国脱欧、中国的“一带一路”经济带的发展趋势等，都给中国企业带来巨大的冲击与机遇。

在中国，家族企业占民营企业相当大的比重。中国改革开放 40 年以来，家族企业享受了国家快速增长的红利优势。在新一轮的产业升级中，家族企业如何有效地把握新信息革命带来的机遇及红利？家族治理在当中的影响因素不容忽视。国内外关于家族企业理论及电子商务采纳的理论都相当丰富，但把家族治理和电子商务采纳两个因素同时放在同一个模型进行研究并试图找出相互间的影响机制目前尚属空白。现实的情况是，同时受这两个因素影响的企业比比皆是，且他们面对的竞争局面也是相当严峻。本书的研究模型构建于组织预期电子商务采纳理论及家族企业非连续创新采纳理论的理论框架之上。电子商务采纳属于组织创新改革之一，对于组织是全方位整体层面的改革，而非单部门单流程的变化。同时，考虑组织内部环境对电子商务采纳行为是受到组织外部环境所影响，因此引入了制度基础观理论，把外部环境因素考虑在本书的研究之中。本书参考了家族企业非连续创新采纳理论，并提出家族治理可通过对组织内部因素的影响从而影响组织的电子商务采纳行为。此影响机制正是本书的研究框架。

通过针对家族所有权及家族控制权，分别使用三步法去验证模型中变量间的中介效应。家族所有权及家族控制权通过对组织特性、组织认知及高管认知等组织因素的影响，间接对电子商务采纳产生影响。继而对组织外部的环境因素对组织特性与电子商务采纳之间的调节关系进行验证。本书的研究从国泰安的上市公司数据库提取2005年及以前上市公司293家共1172个面板资料进行统计分析。

本书的研究由三个中介模型组成：家族治理与组织特性和电子商务采纳的中介效应模型；家族治理与组织认知和电子商务采纳的中介效应模型；家族治理与高管认知和电子商务采纳的中介效应模型。家族治理分别针对两个维度：家族所有权及家族控制权去展开以上的中介模型分析。完成中介模型的验证后，本书就环境因素对组织因素与电子商务采纳之间的关系作了调节效应的验证。验证结果显示，组织特性在家族治理与电子商务采纳之间起了完全中介效应。组织外部因素对组织特性与电子商务采纳之间的关系存在调节作用。家族所有权负相关影响组织特性；组织特性正相关电子商务采纳。家族企业可通过降低所有权来提升组织特性，继而加强电子商务的采纳。过往业绩强化了组织特性对电子商务采纳的影响。同时，家族企业可通过提升控制权来提升组织特性，继而加强电子商务的采纳。

过往业绩强化了组织特性对电子商务采纳的影响，家族企业可通过调整家族治理水平而影响组织特性，继而间接影响电子商务的采纳行为。企业的外部环境强化了其中的采纳关系。

组织认知在家族治理与电子商务采纳之间起了完全中介效应。组织外部因素对组织认知与电子商务采纳之间的关系存在调节作用。家族所有权倒U关系影响组织特性；组织认知正相关影响电子商务采纳。家族企业可通过降低所有权来提升组织认知，继而加强电子商务的采纳。过往业绩强化了组织认知对电子商务采纳的影响。同时，家族企业可通过提升控制权来提升组织认知，继而加强电子商务的采纳。家族企业可通过调整家族治理水平而影响组织认知水平，继而间接影响电子商务的采纳行为。企业的外部环境强化了其中的采纳关系。

中国目前有不少家族企业在探索B2B和B2C电子商务的模式。鉴于他们所处的环境和拥有的条件不一样，取得的效果也千差万别。本书将调查研究中国家族企业上市公司家族治理与电子商务采纳行为的影响机制，检验家族治理通过组织因素对电子商务采纳起到的作用，并提供意见给走上了电子商务采纳道路的家族企业，丰富学术界在这方面的研究。

中国5G产业链主要环节已基本达到商用水平，5G越来越近。目前中国已经完成三个阶段的5G技术研发试验，5G正与人工智能、物联网、云计算、大数据、边缘计算等新技术融合，并共同推动车联网、超高清视频、虚拟现实、远程医疗等多个行业领域的创新应用。5G时代的到来，中国无疑是这个时代的先行者。中国企业从传统实体经营模式，进化到互联网在线和线下双结合的经营模式，再到微信与APP的出现而引发新的微商模式，一轮又一轮的迭代更新。互联网已是企业无法脱开的基因元素，关键是企业如何具有互联网思维，而采纳融入至原营运模式时能达到更大产能化和更低程度的冲突，给企业带来最大的效益。笔者认为每一次的迭代更新，从电商到微商，再到越来越近的5G时代，均是一场互联网的升级，企业在不同时代的互联网技术背景下都经历着互联网变革，需要更高的智慧、更前沿的前瞻性，并且在落地实际操作上能敏捷地作出反应和调整。互联网变革是一个持续的、动态的、日新月异的过程，一旦展开就只会持续变革不会终止，因为科技的步伐是不会停止的，除非企业歇业“退赛”了。因此，互联网变革是一个可不断深入探索的话题。本书从中国家族企业于互联网变革中的电子商务采纳行为的视角上作出一番研究和探讨，欢迎更多的有志之士一起研究并指正不足之处。

徐嘉莉
2019 年 10 月

目 录
CONTENTS

第一章 绪论

一、研究背景 …… 1
二、研究思路与目的 …… 5
三、贡献与创新 …… 12

第二章 理论综述

一、家族治理与电子商务采纳的概念界定 …… 13
二、理论背景 …… 20
三、小结 …… 38

第三章 基础理论与模型

一、电子商务采纳的基础理论与模型 …… 40
二、家族治理的基础理论与模型 …… 47

第四章 家族治理与电子商务采纳的影响机制模型

一、中介效应的验证方法与步骤 …… 52
二、研究对象 …… 54
三、家族治理与组织特性和电子商务采纳的中介效应模型 …… 54
四、家族治理与组织认知和电子商务采纳的中介效应模型 …… 58
五、家族治理与高管认知和电子商务采纳的中介效应模型 …… 63
六、环境因素对组织因素与电子商务采纳的调节效应模型 …… 67
七、家族治理与组织因素和电子商务采纳的中介效应模型 …… 70
八、小结 …… 72

第五章 研究设计
一、研究模型的测量标准 …… 74
二、数据来源与样本选择 …… 81
三、研究变量的选择 …… 84
四、研究策略 …… 87
五、模型构建 …… 91
六、描述性统计 …… 91
七、相关性分析 …… 93

第六章 研究结果及分析
一、研究假设的回顾 …… 94
二、家族治理与组织特性和电子商务采纳的中介效应模型的验证 …… 96
三、家族治理与组织认知和电子商务采纳的中介效应模型的验证 …… 106
四、家族治理与高管认知和电子商务采纳的中介效应模型的验证 …… 114
五、环境因素对组织因素与电子商务采纳的调节效应模型的验证 …… 120
六、家族治理与组织因素和电子商务采纳的中介效应模型的验证 …… 133
七、小结 …… 136

第七章 结论
一、家族企业电子商务采纳行为研究的影响机制 …… 139
二、研究贡献 …… 141

第八章 展望
研究展望 …… 143

附　　录 …… 145
参考文献 …… 147
后　　记 …… 160

第一章 绪 论

一、研究背景

“E 已经死亡，电子商务不再只是一种选择，而是每个企业都必须是一个电子商务企业。”（Fingar and Aronica，2001）

电子商务的产生是对传统商务模式的一次革命！当代信息技术革命突飞猛进，互联网的发明及被全面应用使整个人类社会进入一个新的时代——全民网络经济时代。全球范围内的信息共享，屏除地域和时间的限制，大大降低了公司与外部和内部的营运管理成本。同时，互联网也打开了一个崭新的市场，一个没有区域和时间限制、生产者能直接与终端消费者在一瞬间达成交易的市场。这是从未有过的交易方式，因此，也掀起一场颠覆性的革命。电子商务被定义为通过网络进行买卖的信息、产品或服务（Lawrence et al.，1998）。Zwass（1996）更广泛地把电子商务定义为两个或多个单位于互联网进行的多元活动，其中包括信息、资料或有价值根据的交换—横跨企业间（B2B），消费者间（B2B，B2C，C2C）及政府间（G2B，G2C）（Zwass，1996）。近年，有更多模式迅速发展起来，如 C2B（消费者对企业），O2O（在线对线下），B2T（企业对团体采购）等等。正因为电子商务给企业潜在带来的竞争优势显而易见，包括成本的节约、市场的拓展、决策过程的优化、信息来源的优化、竞争优势的提升及差异化等等；企业的电子商务采纳程度已较过去十年有明显的大幅增加。新一届政府更是大力倡导“互联网 +”概念，鼓励传统行业拥抱电子商务，作为新一轮国家产业转型升级的主力发动机之一。

近年因为电子商务的日益普及，学术界对电子商务采纳的研究成果也十分丰富。这些研究大多聚焦影响企业采纳电子商务行为的因素（Datta，2011；Wang and Ahmed，2009）。大多数电子商务改革的研究从管理学角度出发，关注焦点在企业内部的技术层面及管理层面，其次少数是关注企业的外部环境。也有一部分学者从社会心理学角度出发，提出电子商务改革决定发起于个人意愿，而非受外部环境影响（Grandon and Mykytyn，2004）。尽管对电子商务采纳行为的研究众多且广，但有关家族治理对其行为影响的研究并不多。有少数研究对象是家族企业，然而其分析侧重点在于分析外部环境因素对电子商务采纳的企业策略制定的影响。对家族企业的家族治理因素与电子商务采纳行为之间的作用关系研究，目前学术界对有关方面的文献尚不算多。

世界上 80% 的企业都带有家族企业的色彩。单在美国，就有 90% 的企业受家族所控制，而上市企业中则高达 40% 的企业是受家族所控制。在中国，家族企业更是在民营企业里占绝大比例。由于家族企业的高普遍度，电子商务采纳又是当下最鲜明最难以回避的企业战略方向之一。那么当中家族企业的家族治理因素与电子商务的采纳行为有没有存在着什么关系？既然电子商务的潜在优势如此明显，为何尚有不少企业，当中不乏家族企业依然抱观望态度？家族企业在电子商务之创新道路上，存在哪些促进或阻碍因素？

本书将深入研究家族治理与电子商务采纳行为之间影响机制。基于家族企业及电子商务采纳方面的国内外文献综述，建立基于中国背景家族企业的理论模型，为学术界及现实中家族企业补充一些电子商务采纳有关的实践意见。

电子商务采纳理论的研究

电子商务是电子信息科技的延伸，电子商务的发展一般都建基于电子信息科技的建设。换个角度，即要开展组织的电子商务行为，先要从建设组织的电子信息科技系统。很多电子信息科技采纳的研究都关注于信息科技投资与企业的绩效业绩。他们关注信息科技如何提升企业的生产力、盈利能力以及消费者盈余；及发现信息科技确能提升生产力、消费者盈余但未见到有效增加企业的利润（Hitt and Brynjolfsson，1996）。大部分研究显示电子信息科技与企业绩效存在直接显著关联，但也有研究指出当企业处于较大力度的外在环境变动下，电子信息科技的投资能给企业的财政表现带来更大的正面效应，并且企业的策略制定更为主动，与企业的总经理更密切（Li and Ye，1999）。进化至电子商务采纳的研究，国外学者在电子信息科技采纳因素的研究模型上，推陈出新，发明了不少新理论，多年来作出卓越的研究成果。研究纬度从影响电子商务采纳的影响因素、决策机制至电子商务扩散的推动因素；研究纵度从宏观层面如国家性质至中观层面如组织内外环境再到微观层面如个人动机等，都有丰硕的研究成果。总体来说，电子商务采纳的研究一般关注的焦点是影响企业电子商务采纳行为的因素。影响电子商务采纳因素的研究历史可大致分为三大阶段。第一阶段是20世纪90年代之前，Electronic Data Interchange（EDI，电子数据交换）高速发展时期，Electronic Commerce（EC，电子商务）还未诞生之时。此阶段的研究只关注新IT技术的采纳及应用，因此采纳的影响因素只提取技术层面的视角。早期的技术层面理论研究，其中佼佼者应数扩散理论Diffusion of Innovation Theory，DOI（Rogers，1983）及技术采纳模型Technology Acceptance Model，TAM（Davis，1989）。第二阶段是从20世纪90年代开始，电子商务已衍生应用。此阶段的采纳影响因素只局限在技术层面已不足以分析。研究分析层面主要有三方面：技术层面/组织层面/环境层面（Technology-Organization-Environment Contexts，TOE）（Tornatsky and Fleischer，1990；Kuan and Chau，2001）。一般影响因素被归纳为两大类：企业外部环境和企业内部环境。第三阶段，其研究已全面至五个分析层面：技术层面/管理者层面/组织层面/ 环境层面/综合互动层面（Molla and Licker，2005；Wang and Ahmed，2009）。跨出管理学院及IT工程学院的研究领域，也有部分学者从社会心理学角度出发，提出电子商务改革决定发起于个人意愿，而非受外部环境影响（Grandon and Mykytyn，2004）。计划行为理论（Theory of Planned Behavior，TPB）指出动机是影响行为的积极性因素，而行为态度（attitude toward behavior）、主观信念（subjective norm）、固有行为模式（perceived behavioral control）又是影响个人意愿，从而影响行为的因素（Ajzen，2003）。

家族治理理论的研究

家族企业的治理结构特征包括家族成员参与企业实际管理及经营、所有权和控制权集中、所有权和控制权分离等家族企业特征，均带来有利与不利的企业影响。家族企业绩效研究的两大理论框架分别是代理理论（Agency Theory）和管家理论（Stewardship Theory）。管家理论提出企业持有人或实际控制人会出于力争企业长青而甘愿舍弃短期利益来获取企业的长期发展（Arregle et al.，2007；Landes，2006；Miller and Le Breton-Miller，2005；Ward，2004）；代理理论则认为大部分企业持有人出于家族对企业的私有化目的而降低投资，减低失利投资的风险（Morck et al.，2005；Wiseman and Gómez-Mejía，1998）。Miller 提出影响家族企业到底是管家还是代理机制的决定因素在于行政人员受家族影响的程度，我们称之为家族嵌入（Family Embeddedness）。家族嵌入分为两个层次：实际控制人—家族的嵌入，及企业—家族的嵌入。前者指的是个人做行政决定时受家族的影响程度；后者指的是企业整体受家族影响的程度。家族对企业的影响，主要体现在对企业策略决策往持久发展、集权、团结和紧密联系等方面的引导（König et al.，2013）。本书的研究正是基于这两层家族嵌入度进行其对企业电子商务采纳行为的影响。

从电子商务采纳的已有文献来看，虽然对促进或阻碍企业采纳电子商务行为的因素研究已较为全面，包括企业外部及内部的影响因素，但仍尚存空白需作补充的地方。首先，目前的研究更看重经济性变量（economic variables），如行业环境、竞争压力、上下游拉动、自身技术条件、资金承受度等等变量，但对于非经济性变量，如变革中主营者所担当的改革推手的角色，它又是受什么因素影响会导致改革的顺利推进或难以向前？家族成员和泛家族成员如何在中间机制影响着电子商务采纳行为？因此特别是在中国这个民营企业占比居高，带有家庭或家族成分的民营企业又是占大多数的情况下，本书就是为中国家族企业欲进行电子商务采纳行为提供一个更完整的分析视野而展开研究的。同时，到目前为止有关电子商务的研究大多是案例分析，对象也多是中小企业；以中国背景家族上市公司做大样本的实证研究目前尚属少数。同时关注家族企业和电子商务两个焦点并对它们之间的关联性方面作研究，这也是目前为止的一个空白点。因此本研究为现有研究的不足作补充。

尽管对电子商务采纳行为的研究众多且广，但关于家族影响对其行为的影响不多。有少数对家庭经营的企业进行电子商务采纳的研究，其分析侧重点还是环境因素对家族企业策略制定的影响，从而影响电子商务的采纳。因此本书的创新点在于以家族影响为起点，基于制度基础观的视角，剖析其对电子商务采纳行为的影响。中国大部分民营企业属于家族企业，一些表面上非家族企业在顶层策略制定时也是受到一定程度的家族影响。因此家族影响对管理改革，尤其以电子商务采纳这种发展迅速、指导和实践理论缺乏的领域，其研究意义更为重要。

随着电子商务在各行各业的采纳度和普遍性提升，未来有关方面的研究方向会向多元化发展。应用研究、模式研究、地域化研究、绩效研究以及移动互联网、互联网金融都是未来重要的研究方向。同时家族企业与电子商务的共同研究也会有所深化，其中的促进机制，从业人员激励机制，发展机制及模式等将会是一个重要的未来研究方向。

二、研究思路与目的

研究对象的界定

1. 中国证券市场上市公司民营企业的界定

中国证券市场上市公司总体为中国境内沪市和深市上市的所有 A 股公司。证券市场上存在两大类上市公司：民营企业和国有企业。民营企业是政府或国家直接经营的国有企业的一个对立存在的组织体。学术界对民营企业的定义有很多，大致可分为下面几点：第一种观点认为，民营化属于一种国际现象，持这种观点的学者是以国有企业或集体经济民营化的动态效果来定义民营企业。实际上，这个观点把民营企业和私有企业画上等号，是存在明显的缺陷的。丁宁宁指出“国有企业的私有化并不是中国民营企业的发展前提，民营企业是指集体企业在内的一切非政府或非国家直接经营的企业形态”。第二种观点认为“民营企业就是国民持有国民经营的企业，即非国家持有企业，因为从严格意义上讲只有这种民有民营企业才能是真正做到与国有企业完全分开的民间经营企业”，持这种观点的代表是中共中央党校的王珏教授。第三种观点是张晖明认为“只有实行出资主体多元化才被归纳为国有企业。将国有资产的配置由计划经济的行政性方式转为市场经济股份制方式，形成混合经营与民有民营这两种民营企业形式”。此外，董辅礽和首都经贸大学蒋泽中教授在上述观点基础上提出范围更广的观点，他们认为“民营企业包括了那种财产所有权与企业所有权高度统一的传统意义的国有国营企业外的一切企业形态”。

汇总上述观点，本书认为以下对民营企业的定义较符合本研究，“民营企业的定义指由民间某一集体共同拥有或单独某个体拥有全部或部分企业所有权，并且直接或间接参与直接经营的经济实体（所有权至水平可对该企业经营及决策具有决定影响力。拥有很大控制权的一定比例，如控股比例等）”（钟乃雄，2008）。

本书的研究对象为按以上标准界定的民营企业，并于中国境内沪市和深市上市挂牌上市的所有 A 股民营上市公司。

2. 家族企业的界定

学术界对家族企业的界定标准包括以下几种：控制权比例、占董事长投票权的比例、家族成员占企业实际经营及管理的程度与比例、制定及影响企业战略层面决策的程度及权限等（Hander，1989）。有家族理论学者提出五个界定家族企业的维度，包括：家族于企业的参与度或认知（Family Involvement or Participation/Perceived）、家族对企业的拥有程度，即所有权比例（Family Ownership）、企业所有权的代际传承（Inter-generational Ownership Transition）、多种条件限制同时生效（Multiple Condition，这个标准指多种条件，如所有权比例、参与度或认知、代际传承等多个限制条件）。也有学者对家族界定进行深化，提出三个层次的定义：第一层界定标准较为广义。家族成员参与企业经营及管理，并不强调绝对控制权的拥有；家族成员对企业策略制定有一定影响，符合这两个条件均可被界定为家族企业。第二个层面的定义是企业创始人或其后代必须在企业担任重要职务，此定义介乎广义与狭义之间。第三个层面的定义是企业创始人必须同时出任董事长一职，及至少一名家族成员于企业高层管理层任职。这是一个较狭义的家族企业的界定标准，但一般企业发展初期皆能符合这一标准

(Astrachan and Shanker, 2003)。

管理学家钱德勒是研究家族企业的知名学者，他提出了以下家族企业的定义：企业创始人及共同参与企业经营的家族成员持有大部分或控股股份，真正参与企业实际经营及对企业财务管理有决策权、人事聘用有选拔及否决权、与企业高级管理层保持紧密的联系等（钱德勒，1987）。Lansberg、Perrow 和 Rogolsky（1988）认为家族成员掌握企业的所有权并合法化地对企业实行控制的企业均符合家族企业的定义（Lansberg，I. et al.，1988）。来自台湾的家族企业研究学者黄光国提出，企业所有权归一个家族的家族成员直接拥有，企业的核心由一个或多个有血缘关系的家族成员所构成；所有权归家族直接拥有但经营权与所有权并非一定需要共同体，经营权可以由家族以外成员拥有。也有学者提出家族企业绝非只限于一个家族所拥有，企业的所有权与经营权由一个或多个紧密联系的家族直接或间接共同拥有，此企业也符合家族企业的定义。国内知名家族企业研究学者储小平认为家族企业是两大系统的结晶体：企业系统与家族系统；且家族掌控企业控股股份。鲁亚曦首次对家族企业定义提出感情系数，认为家族企业是一个由具有血缘关系的家族成员为企业核心、以家族的整体利益为经营目标、以家族感情的维护为原则、以持有企业实际控制权为手段、以企业为组织形式存在的经济体。总结上述，笔者认为在中国的背景下家族企业的定义是指企业的所有权与控制权共同归一个家族直接或间接所持有，企业管理层的最高领导人（总裁/总经理）由家族成员担任。

本书的研究对象为中国境内沪市和深市上市的所有 A 股公司，剔除国有企业、国有股改民营性质的民营家族企业。

研究方法

本研究以中国当前经济结构为背景，采取实证研究的方法，综合采用文献研究法、数学方法、统计分析法。通过国泰安数据库收集上市公司资料，在调查分析相关资料的基础上，使用统计软件进行统计分析，对所提出的理论进行资料验证，进而得出相应的结论。具体方法有：

（1）文献研究法。大量搜集、整理家族治理影响、电子商务采纳和相关作用机制方面的相关文献，形成对研究对象的一般印象。找出现有文献的研究方法、研究对象、自变量、因变量和理论命题中国内上市家族企业的情况并进行对比，发现现有文献的不足，提出本书的研究方法、研究对象、自变量、因变量和理论命题。

（2）数学方法。在撇开研究对象的其他一切特性的情况下，对研究对象进行一系列统计处理，并且对所采集的样本数据建立数学模型，对验证结果进行分析及加以说明，最终以数学的方式表达成果。

（3）统计分析法。运用 SPSS19.0，Amos20.0，Mplus6.0 对资料进行相关统计学分析。主要包括描述性统计、验证性因素统计、方差分析、阶段线性回归分析。

研究思路

本书的研究是基于大量家族影响和电子商务采纳有关方面的文献阐述研究背景，并根据研究的目的和意义进行相关的文献综述和理论探讨。文献范围主要包括家族治理、电子商务采纳行为及家族治理对电子商务采纳的作用机制。在此基础上提出理论命题和概念模型。在收集了资料来源并进行一系列的资料处理后，验证本书的假设并进行进一步的讨论，最后提出本研究的结论。最后，进一步指出本研究存在的局限性以及未来的研究展望。

本研究的技术路线为：

（1）通过文献综述，阅读国内外关于家族治理、电子商务行为采纳以及相互作用机制的相关理论和实证研究文献，找到本论文的研究方向和机制；

（2）在对国内外相关理论综合总结和评述的基础上，建立企业进行电子商务采纳的概念模型，提出本研究的研究假设；

（3）根据本书的概念模型和研究的需要，结合我国实际国情，在翻阅相关文献基础之上，建立衡量家族治理和电子商务采纳的指标体系，确定本研究的自变量、因变量和中介变量，建立分析模型；

（4）资料收集阶段。根据确定的自变量和因变量对国内上市家族企业相关资料进行收集整理；

（5）结合收集和整理的资料案例对研究的内容进行分析；

（6）利用统计软件对所收集到的样本资料进行统计分析，得到实证分析结果，对研究假设和家族治理对电子商务采纳的影响机制的概念模型进行验证；

（7）对研究的结果进行讨论和分析；

（8）汇出本书的研究结论，对我国家族企业顺利采纳提出发展建议。

研究技术路线

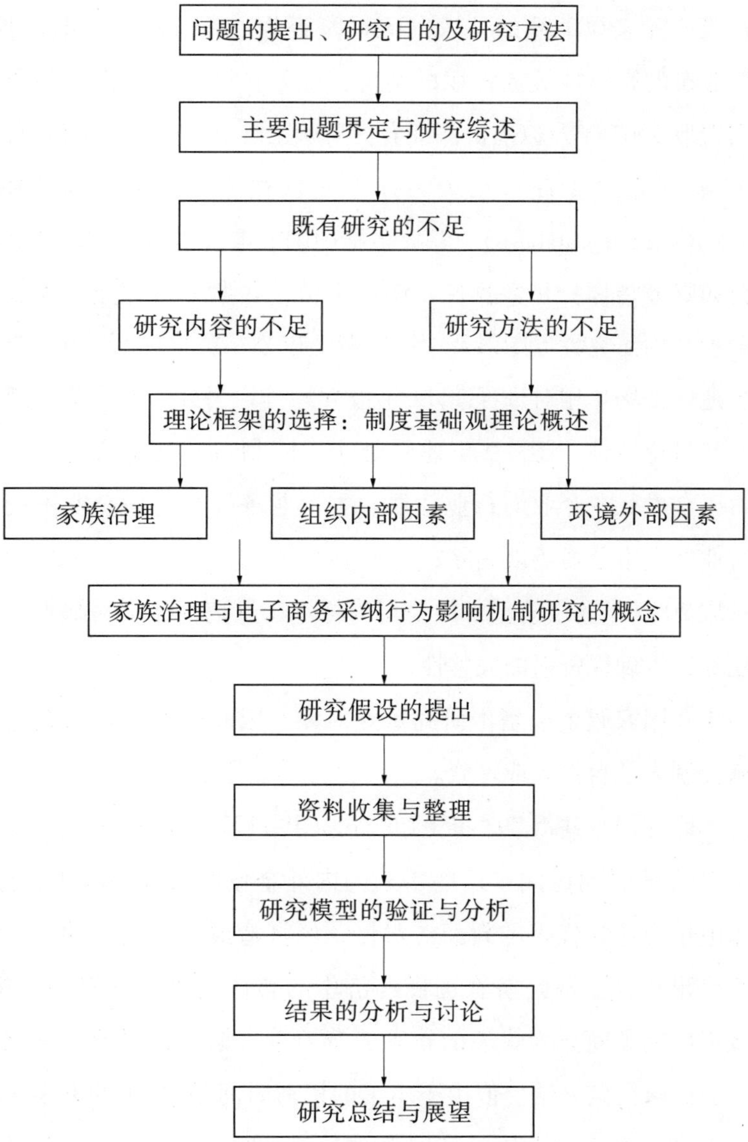

样本选择与资料来源

（1）本研究的样本选择按家族上市公司标准：家族企业在此的界定标准以企业的所有权或企业的实际控制权是否归家族拥有，并且有两名或以上的家族成员在参与企业的实际经营及管理中。“所有权”着重以某个按血缘、姻亲关系为联结的家族所持有企业的实际控制权；“家族”则着重对于仅一人控股或无亲属关系的几人（无论是否为一致行动人）共同控股的、且无控股股东的亲属持股或任职的情况，也不将该企业视为属某个家族所有。本书选取 2005 年及以前沪深证券交易所家族上市公司作为研究样本。

（2）本研究主要资料来源为国泰安数据库（China Stock Market & Accounting Research Database），具体包括中国上市公司财务报表数据库、中国上市公司财务指标分析数据库、中国上市公司股东研究数据库、中国上市公司治理结构研究数据库以及中国民营上市公司数据库，《中国市场化指数——各地区市场化相对进程 2009 年报告》等。另外，本书除了遵循资料的全面性和可得性外，还按照下述原则对样本进行进一步的筛选工作：

①由于金融行业企业的行业性质、主营业务等与一般企业不同，因此将金融行业的上市公司予以剔除；

②选取 2005 年及以前上市的公司为样本，且把存在资料缺失的上市公司予以剔除，以确保资料的完整性；

③由于我国家族企业是本研究重点对象，因此样本只选取企业结构情况为实施控制人是自然人或家族。

最终本研究样本共得 293 家上市公司，共 1172 个面板资料。

（3）研究的时间区间：近些年来国内外企业经营环境发生剧烈变化，特别是以电子商务为代表的新经济对传统经济造成了巨大的冲击，国内外企业纷纷寻求创新。新经济在国民经济中的整体比重不断提高。在中国，消费领域中以电子商务为代表的新兴消费力量占据了越来越大的比重，促使企业不断寻求突破采纳。但由于本书的撰写时间是 2014 的下半年跨度到 2015 年上半年，很多上市公司 2014 年的信息披露尚不完整，因此最终选取最近 4 年的时间，即提取样本上市公司从 2010 年至 2013 年的资料，作为面板资料。

研究目的

李克强总理在“十二五”期间提出，除房地产与汽车产业之外，把信息消费产业也培育成为中国新的支柱性产业，年产值目标10万亿元人民币。信息消费产业的核心正是基于电子商务的产业链变革。电子商务也已经成为一个重要民间消费的标的，其中“双十一”（11月11日）单日的交易金额已充分体现电子商务的市场威力。2012年11月11日单日交易金额是191亿元，相等于中国17个省市全年的GDP总值。2013年的11月11日单日交易金额增长83%，高达350.19亿元。2014年的11月11日单日交易金额是571亿元，增长率63%。

电子商务市场是不少企业“寄予厚望”的市场，也是目前不得不占领的一个市场，可是电子商务采纳非开拓一个市场渠道般简单。因此其采纳之决策受诸多因素影响。在中国这个家族企业众多的国家中，家族治理这一因素更是不容忽视。况且电子商务是一个崭新的领域，不少家族企业的创始人可能连接触都谈不上，谈何采纳并发展？因此，有关家族治理影响对中国家族企业电子商务采纳行为的研究有着现实指导意义。

西方企业较东方企业发展的时间维度要长，目前世界上80%的企业都带有家族企业的色彩。单在美国，则有90%的企业受家族所控制，而上市企业中则高达40%的企业是受家族所控制。在中国企业发展的历史较虽然西方要短，可在民营企业中家族控制的占大多数比例。由此可见，家族企业不管在国内国外均有着举足轻重的地位，其影响力也非常大。

本研究的意义主要有以下两方面：

（1）电子商务发展始于20世纪90年代初。短短20年，产生了惊人的增长。其商业模式还在不断发展、创新、变革中。此领域的理论研究尚不完善，需要不断随着急速的变化而更新。本研究也是对此领域的已有研究作补充。

（2）家族企业面对电子商务应遵循怎样的采纳机制？采纳决策如何可以更顺利？当中有哪些阻力因素？综合上述问题，本书就家族治理对电子商务采纳的行为决策作出深入研究，提供现实性的指导意见。

三、贡献与创新

本研究的创新之处主要体现在以下两点：

（1）对原有有关电子商务采纳的研究理论作修正。电子商务采纳的研究历程显示（表1），从第一阶段的一个因素发展至第三阶段的五个因素，现有研究均把各因素并列，作为电子商务采纳的前因变量看待，并未细化研究因素间的相互影响关系。本书提出组织外部因素并非与其他因素并列，直接的对电子商务采纳生成作用，而是间接地通过环境对组织的影响而最终影响对组织内部的决策，从而影响电子商务的采纳。因此是一调节作用。基于外部环境时刻影响着组织的决策，但决策最终生成于组织内，因此外部环境并未能直接影响电子商务的最终采纳，但为这一决策提供了条件。

（2）对原有有关电子商务采纳的研究理论作深化。针对组织内部因素进行更深层次的挖掘并研究，提出家族治理对组织内部因素生成的作用，从而影响组织内部的决策及电子商务的采纳。

（3）原有电子商务采纳研究以案例研究为主，研究对象为中小企业，本书首次以大样本数据进行实证研究，并以上市公司为研究对象；跨越地域、行业，提高研究意义的普遍性。

第二章　理论综述

一、家族治理与电子商务采纳的概念界定

电子商务采纳的概念界定

电子商务的定义众多，大致归类为以下几种。

电子商务是指发生在互联网上的交易活动，包含企业与企业之间（B2B）、企业与消费者之间（B2C）的多种模式。它共有三个部分：企业内部网、企业外部网、网际网络（经济合作与发展组织，1998）。电子商务包括所有通过万维网或互联网［包括 World Wide Web（WWW）及 Internet］的服务及产品的买卖或交换过程（Turban，1999）。通过网络先进的信息技术而对企业业务流程及运作模式实行了采纳 - 于网络上进行买卖交易是一种常见的模式之一（Shurety，1999）。电子商务是指与商务行为相关的一切使用数字化资料（binary data）传输的交易形式，当中包括图文信息，音频及视频等信息进行加工并于组织及个人间进行传输（OECD，1997）。另一种对电子商务的定义则强调企业内部网与外部网的结合应用，指出买卖双方于互联网进行的相关商务活动是为了解决 3C 问题：content（信息内容管理）、collaboration（互协合作）、commerce（商务交易）（IBM，2000）。也有学者认为电子商务是电子应用系统和组织结构、业务流程的结合，而这种结合本质上是为了更高效的商业模式而诞生的（Kalakota and Robinson，2001）。也有学者简单归纳电子商务为使用开放式网络（以 Internet 为主导）

来执行企业的相关业务流程，使原来手工完成的业务能更高效地完成（Weill，2001）。

还有一些定义更多侧重于电子商务多类型应用模式及种类。“电子商务是由计算机、通信网络及程序化、标准化的商务流程和一系列安全、认证法律体系组成的集合；是一种以互联网为基础、以交易双方为主体、以银行电子支付和结算为手段、以客户资料为依托的全新商务模式根据交易主体和物流的不同，电子商务可分为九种模式，其中 B2C（企业对消费者）、B2B（企业对企业）、G2B（政府对企业）三种模式发展迅速”（王厚芹，2002）。Lawrence 等学者定义电子商务为通过网络进行买卖的信息、产品或服务（Lawrence et al，1998）。Zwass 更广泛地把电子商务定义为两个或多个单位于互联网进行的多元活动，其中包括信息、资料或有价值根据的交换—横跨企业间（B2B），消费者间（B2B，B2C，C2C）及政府间（G2B，G2C）（Zwass，1996）。近年，有更多模式迅速发展起来，如 C2B（消费者对企业）、O2O（在线对线下）、B2T（企业对团体采购）等等。Kofi Annan 提出：“电子商务是资料和通信技术有效结合对经济效益作出贡献的其中一个显著例子……尽管不懈努力开拓并尝试，我们远不知资料通信技术效益的边界。”Elizabeth 直截了当地定义电子商务为“通过互联网及 WWW. 进行电子资料传输来实现产品或服务的买卖流程”（Grandon and Pearson，2004）。根据国家统计局第三次全国经济普查统计对电子商务服务给出的最新内容及定义：

电子商务服务包括：

（1）电子商务平台服务：资料处理和存储服务，指在互联网提供电子商务平台活动，包括 B2B 电子商务服务、B2C 电子商务服务、协力厂商电子商务平台服务等。

（2）电子商务支付服务：非金融机构支付服务，指网络支付活动。

（3）电子商务信用服务：指对电子商务领域信用信息的采集、整理、加工，并提供相关产品和信用服务等活动。（第三次全国经济普查主要资料公报，2014）

由于对电子商务的概念界定不同的研究者均有不同的理解和不同的侧

重点，更有研究者指出电子商务基本上可以被定义分为两大类：狭义的和广义的电子商务。狭义的电子商务（e-commerce）是指利用信息技术来进行买卖交易或贸易活动的电子商务手段。这一理解最早形成于电子商务发展初期、互联网兴起的萌芽阶段，市场上大部分人还在摸索新的业务形式上，一切都存在无限可能性。在这个阶段更多的研究探讨在技术实现层面上。广义的电子商务（e-business）则指超越了仅仅技术层面的定义。随着对互联网应用的不断深入和对电子商务的不断探索，研究者发现随表层技术层面外，还有不少其他企业方面的因素须关注，例如企业自身、企业管理及所在行业等。因而，出现了现在的广义的（e-business）。比较典型的电子商务广义定义是：基于互联网及信息技术进行的商务活动，包括有形产品、无形服务、信息产品的交易以及企业间的协作等。著名电子商务学者 Ravi Kalakota（2001）在其著作《电子商务 2.0：成功之路》中提出以下电子商务的定义：由企业的业务流程、应用系统和组织结构三方面组合的融合体，从而形成高效的企业经营模式。这种理解涉及了信息技术在企业中所有可能的应用，并且这种应用会改变整个企业战略、组织结构、业务流程、企业文化等所有相关的传统组织行为方式。

另对电子商务的英语术语作点补充说明。电子商务是从国外翻译过来的术语，它源于“e-commerce”和“e-business”。但是由于语言、文化、历史等各种原因，国外对电子商务领域的术语使用也不一致，“e-commerce”被许多学者和机构指为狭义电子商务之义，“e-business”则被用作广义电子商务之义，如 IBM 公司就是这样区分的。但是现在多数情况下两者的用法并没有非常严格的区别，具体所指也可以根据所阅读文献中的上下文判断（IBM，2000）。本书考虑国内研究一般使用 e-commerce 作为“电子商务”的英文术语，故本书以 e-commerce 作本研究电子商务的同义英语词汇。

组织对上述行为的采纳并于内部实现分配资源，包括人力及物资资源，成立部门及设计相关流程程序并加以固化，我们称之为组织的电子商务采纳。电子商务采纳会有费用投入及交易金额产出。Napier 等学者指出通过实行电子商务卖家可以渗透至不同层面不同区域的市场；买家则可以通过与全球市场的连接而获得更多的产品选择及更低的价格（H. A. Napier et al.，

2001）。电子商务带来的好处还有产品质量的提升及原有产品更创新的销售模式及管道（A. Chaudhury，2002）。不单大企业能从电子商务获得利益，中小型企业也因为电子商务而有机会与大企业在同一赛场上竞赛，这是原来传统商务不可能实现的。电子商务提供了超越地域与时间的局限及无障碍便捷的沟通方式（S. Chong，2000）。电子商务采纳因此给企业带来无限空间和可能，同时也附带上新的挑战。

家族企业的概念界定

西方企业较东方企业发展的时间维度要长，高达80%在世界上的企业都直接或间接受家族所控制。在美国，目前占90%的企业是家族企业，上市公司中有40%是受家族所控制。中国的企业发展历史较西方短，可在民营企业中家族控制的占大多数比例。由此可见，家族企业不管在国内国外均有着举足轻重的地位，其影响力也非常大（黄锐，2009）。家族企业定义众多且各异，大致可分为以下几种。学术界对家族企业的界定标准包括以下几种：控制权比例、占董事长投票权的比例、家族成员占企业实际经营及管理的程度与比例、制定及影响企业战略层面决策的程度及权限等。有家族理论学者提出五个界定家族企业的维度，包括：家族于企业的参与度或认知（family involvement or participation/perceived）、家族对企业的拥有程度，即所有权比例（family ownership）、企业所有权的代际传承（inter-generational ownership transition）、多种条件限制同时生效（multiple condition）（这标准指多种条件如所有权比例、参与度或认知、代际传承等多个限制条件）。也有学者对家族界定进行深化，提出三个层次的定义：第一层界定标准较为广义。家族成员参与企业经营及管理，并不强调绝对控制权的拥有；家族成员对企业策略制定有一定影响，符合这两个条件均可被界定为家族企业。第二个层面的定义是企业创始人或其后代必须在企业担任重要职务，此定义介乎广义与狭义之间。第三个层面的定义是企业创始人必须同时出任董事长一职，及至少一名家族成员于企业高层管理层任职。这是一个较狭义的家族企业的界定标准，但一般企业发展初期皆能符合这一标准（Joseph H. Astrachan and Melissa C. Shanker，2003）。

在家族企业的研究历史中，最早并最具影响力要数哈佛大学 Robert G. Donnely，他给出如下家族企业定义，如果一个企业满足下以下至少一个条件便可界定为家族企业：企业的经营管理权的继承由家族关系来决定；董事局至少一个席位由现任或前任董事长或总经理的配偶或子女出任；家族与公司的整体价值融合为一体；尽管家族成员不直接参与公司的实际管理，但其行为却对公司的信誉构成影响；家族成员在不具备合法合理合乎财务的理由下，认定其对企业股票的持有具有合法性；家族成员在家族中的地位直接与其在企业的职务及权力相关；家族成员的个人事业由他与公司的关系而决定。由于 Donnely 的这七个条件中包含了代际传承的内容成分，因此在很大程度上缩小了家族企业的适用范围。

Lansberg，Perrow 和 Rogolsky 认为家族成员掌握企业的所有权并合法化地对企业实行控制的企业均符合家族企业的定义。在这较宽松的定义下，只要企业的所有权归属在家族成员名下的企业均可称为家族企业（Lansberg et al.，1998）。美国家族企业著名研究专家、三环模型的提出者盖尔西克提出以下家族企业的定义：家族企业的评判标准在于其所有权是否为创始家族的家庭成员所持有，所有权比例是界定家族企业的考量指标。以上定义与 Lansberg 的定义类似。管理学家钱德勒是知名研究家族企业的学者，提出了以下家族企业的定义：企业创始人及共同参与企业经营的家族成员持有大部分或控股股份，真正参与企业实际经营及对企业财务管理有决策权、人事聘用有选拔及否决权、与企业高级管理层保持紧密的联系等。来自台湾的家族企业研究学者黄光国提出企业所有权归一个家族的家族成员直接拥有，企业的核心由一个或多个有血缘关系的家族成员所构成；所有权归家族直接拥有但经营权与所有权并非一定需要共同体，经营权可以由家族以外成员拥有。也有学者提出家族企业绝非只限于一个家族所拥有，企业的所有权与经营权由一个或多个紧密联系的家族直接或间接共同拥有，此企业也符合家族企业的定义。国内知名家族企业研究学者储小平认为家族企业是两大系统的结晶体：企业系统与家族系统；且家族掌控企业控股股份。鲁亚曦首次对家族定义提出感情系数，认为家族企业是一个由具有血缘关系的家族成员为企业核心、以家族的整体利益为经营目标、以家族感情的维护为原则、以持有企业实际控制权为手段、以企业为组织形式存在的经济体。

研究家族理论的学者众多，当中不乏以文化视角出发：香港学者雷丁对家族企业的定义为，华人家族企业“本质上是一种文化产物”，在华人家族企业中大多实行家长式的领导风格，带有仁慈的独裁色彩。雷丁先生给出家族企业的定义是从中国“家”文化出发的。

中国与西方对家族企业的定义存在很多共同之处，但也有不少差异的地方。尤为显著的是西方研究者会把代际传承作为一个维度去考虑企业是否家族企业。那是因为历史背景原因，西方的家族企业成立及经营时间较长。有的已经超过三代传承及逾百年历史。如果按此标准来衡量，则中国属于家族企业范围的企业就会大大减少，且研究的普遍性及实践意义也会大打折扣。另一差异之处在于，中国研究者对家族企业的定义注入了不少文化的因素，例如地缘、血缘等传统文化特征均被一些专家纳入家族企业定义中。当中也不乏研究学者从文化角度定义家族企业，如雷丁先生。尽管中西方定义差异诸多，但当中也有不少共通之处：如中西方较多强调家族是否拥有企业所有权或经营权来判断该企业是否属于家族企业。无论国内国外，影响家族企业界定的重要因素都立足于家族是否掌握经营权和所有权的拥有，中西方家族企业研究学者对经营权和所有权的关注都表现一致，并认为其是一项重要指标。但对于所有权的拥有方面，学者对家族的临界控股比例更为关注并存在争议（黄锐，2009）。

总结诸多家族研究学者的观点，本书归纳出两大因素来定义中国情况下的家族企业的界定。一是把代际传承放在考虑范围之外，原因是中国家族企业发展历程较国外短，第一次代际传承大多都还没有完成，因此若把代际传承这一考量维度放在范围内反而对研究的普遍性及实证意义产生影响。二是中国绝大多数的民营企业企业家族都掌握着企业的经营权及所有权。本书建议中国家族企业可以在所有权和经营权上进行更多的界定而不会影响研究效果，同时，研究时样本选择上也不易出错。最后，本研究对中国家族企业做出的定义是，家族直接控股或间接控股地拥有企业所有权及经营权，且家族成员出任企业管理层的最高领导人（总裁/总经理），均属于家族企业。

家族治理的概念界定

家族企业的三个维度构成了家族治理对企业价值的影响：家族所有、家族控制及家族管理。研究指出，家族治理降低了民营上市公司价值，但家族所有、控制、管理三个维度的影响各不相同，家族治理的绩效最终取决于不同维度之间的组合（王明琳，2010）。家族企业的治理结构由三个因素组成：家族所有、家族控制及家族管理。而家族治理结构呈现出所有权与控制权集中、所有权与控制权分离、家族人员涉入管理的特征给家族企业带来有利或不利的影响，形成一个悖论。家族企业治理结构中的集中所有权、控制机制和家族成员涉入管理既可以给企业创作价值，也会给企业带来弊端。所以，家族企业特殊的治理结构会对企业绩效产生的效应取决于其带来的收益大于还是小于其带来的成本。由此可见，家族治理由三个主要因素构成，亦即所有权、控制权、和家族成员对家族企业的实际性管理。三个因素能反映不同视角的家族治理情况，有助于理解家族企业受家族影响的程度及情况。关于公司治理的研究包括两个方向：一个方向是治理变量对企业绩效的影响；另一个方向是治理变量是由企业内生而产生的，对企业绩效没有影响。所有权的界定最早源于所有权理论，而所有权理论在研究治理结构中处于基础性地位。所有权结构的差异决定着公司权力配置的差异，这种差异将会导致行为人对公司不同的行为方式，从而影响企业价值。最早给出所有权定义的是新古典经济学家 Knight。他以剩余索取权来解释企业所有权，认为企业的所有者就应该是企业剩余收益的索取者。在代理理论框架下，Fama 和 Jensen（1983）也认为企业的所有权就是剩余索取权。控制权是治理理论和公司实践的核心问题之一。从法律角度出发，英国《公司法》对控制（控股）关系界定为母子公司之间的控制关系和控股公司与子公司之间的控制关系。美国的投资公司法认为，控制是指对一个公司的经营管理或方针政策具有决定性影响的力量或权力，并认为只要直接或者间接拥有一个公司超过 25% 的投票权，就应该被认为是控制了这家公司。反看学术界，有的提出的定义较为宽松，如掌握了董事会的投票权即等同为掌握了控制权。控制权狭义的定义可理解为企业的剩余索取权；广义上的理解控制权则还包括特定的控制权，是指对企业的资源进行支配和利用的权力。

二、理论背景

国外有不少针对企业进行电子商务采纳的研究，一般关注的焦点是什么因素影响企业进行电子商务的采纳。影响采纳因素的研究历史可大致分为三大阶段。第一阶段是 20 世纪 90 年代之前，电子数据交换高速发展时期，电子商务（electronic commerce，EC）还未诞生之时。此阶段的研究只关注新 IT 技术的采纳及应用，因此采纳的影响因素只提取技术层面的视角。早期的技术层面理论研究，其中佼佼者应数创新扩散理论（Diffusion of Innovation Theory，DOI）（Rogers，1983）及技术采纳模型（Technology Acceptance Model，TAM）（Davis，1989）。第二阶段是从 20 世纪 90 年代开始，电子商务已衍生应用。此阶段的采纳影响因素只局限在技术层面已不足以分析。研究分析层面主要有三方面：技术层面/组织层面/环境层面（Technology-Organization-Environment Contexts）（Tornatsky and Fleischer，1990；Kuan and Chau，2001）。至 2005 年已发展至第三阶段，其研究已全面至五个分析层面：技术层面/管理者层面/组织层面/环境层面/综合互动层面（Molla and Licker，2005；Wang and Ahmed，2009）。

由于电子商务采纳属于企业策略管理层面的重大创新改革，不少国外的已有研究从创新方面的理论作为研究分析框架，创新扩散理论就是被广泛应用的其中之一。然而企业进行改革时，除新技术本身，企业所处的内外部环境绝非一成不变，此因素会成为影响采纳的机制。因此本书会引用分析企业策略制定的理论作为研究视角。有关企业策略制定的理论主要有三个基础观组成：行业基础观（industry-based view），制度基础观（institution-based view）及资源基础观（resource-based view）。行业基础观及资源基础观被评价为忽视了隐藏于行业内企业间竞争的正式和非正式制度环境，它们把“制度”看作为“场景”。其原因是以上两个观点的发展始于美国，一个高度市场化及相对稳定的制度框架的国家（Peng et al.，2008）。

可是发展中国家如中国，稳定性及市场化程度尚不如发达国家，正式及非正式制度在企业策略制定时起了显著的作用，甚至于超过行业或企业自身的资源。因此本书将引用制度基础观的视角，讨论其对电子商务采纳的中介影响机制。

最后，由于家族治理影响电子商务采纳的相关研究处于空白，作为对电子商务采纳行为研究的补充，本书锁定以家族治理作为研究影响企业电子商务采纳行为的前因变量。家族企业绩效研究的两大理论框架分别是代理理论（Agency Theory）和管家理论（Stewardship Theory）。管家理论提出企业持有人或实际控制人会出于力争企业长青而甘愿舍弃短期利益来获取企业的长期发展（Arregle et al.，2007；Landes，2006；Miller and Le Breton-Miller，2005；Ward，2004）。代理理论则认为大部分企业持有人出于家族对企业的私有化目的而降低投资，减低失利投资的风险（Morck et al.，2005；Wiseman and Gómez-Mejía，1998）。Miller 提出影响家族企业到底是管家还是代理机制的决定因素在于行政人员受家族影响的程度，我们称之为家族嵌入（family embeddedness）。家族嵌入分为两个层次：实际控制人—家族的嵌入，及企业—家族的嵌入。前者指的是个人做行政决定时受家族的影响度；后者指的是企业整体受家族影响的程度。本书的研究正是基于这两层家族嵌入度进行其对企业电子商务采纳行为的影响。

电子商务国外理论背景

电子商务是电子信息科技的延伸，电子商务的发展一般都建基于电子信息科技的建设。换个角度，即要开展组织的电子商务行为，先要从建设组织的电子信息科技系统。但在当今 21 世纪，人的生活已与电子信息科技息息相关，计算机、互联网基本是与人类密不可分的，因此组织的一些基本的电子信息科技建设都存在较高的普遍性。因此，有关电子商务采纳的理念，追溯研究历史，都从电子信息科技的采纳源起。企业投资信息科技以及往后的电子商务，前提都是预见其所带给企业的策略价值。很多电子信息科技采纳的研究都关注于信息科技投资与企业的绩效业绩。他们关注信息科技如何提升企业的生产力、盈利能力以及消费者盈余；发现信息科技确能提升生产力、消费者盈余但未见到有效增加企业的利润（Hitt and Brynjolfsson，1996）。大部分研究显示电子信息科技与企业绩效存在直接显著关联，但也有研究指出当企业处于较大力度的外在环境变动下，电子信息科技的投资能给企业的财政表现带来更大的正面效应，并且企业的策略制定更为主动，与企业的总经理更密切（Li and Ye，1999）。C. S. Lee 深化了研究变量至一个多层次的影响模型。她提出企业的效益不应仅仅线性的考虑电子信息科技的投入和产出，其他因素如电子信息科技的初始成本、所处周期、外包合作方的紧密度、市场环境以及电子信息科技对原有组织的营运模式所产生的复合改变等（Lee，2001）。较少的研究关注管理层对电子商务的战略价值的认知，Amit 和 Zott 是少数研究者把目光投放在管理层的认知上，也是开拓了日后对电子商务有关方面研究的先河。他们提出四大价值生成的因素：交易便捷、互补性、新鲜度、锁客度（Amit and Zott，2001）。

进化至电子商务采纳的研究，国外学者在电子信息科技采纳因素的研究模型上，推陈出新，发明了不少新理论，多年来获得了卓越的研究成果。研究纬度从影响电子商务采纳的影响因素、决策机制至电子商务扩散的推动因素；研究纵度从宏观层面如国家性质至中观层面如组织内外环境再到微观层面如个人动机等，都有丰硕的研究成果。总体来说，电子商务采纳的研究一般关注的焦点是影响企业电子商务采纳行为的因素。影响采纳因素的研究历史可大致分为三大阶段。第一阶段是 20 世纪 90 年代之前，EDI 高速发展时期，EC 还未诞生之时。此阶段的研究只关注新 IT 技术的采纳及应用，因此采纳的影响因素只提取技术层面的视角。早期的技术层面理论研究，其中佼佼者应数扩散理论 DOI（Rogers，1983）及技术采纳模型 TAM（Davis，1989）。扩散理论和技术采纳模型认为新技术的采纳取决于其复杂性、实用性、兼容性、易用性及效益等方面。Lederer 总结出 16 个因素并于不同的技术科技上测试（如 ATM、电子邮件、互联网浏览器、互联网、WORD 等）；他们的模型验证的结果是易用性和预期实用性是促进采纳并有效坚持采纳的主要因素（Lederer et al.，2000）。

第二阶段是从 20 世纪 90 年代开始，电子商务 EC（Electronic Commerce）

已衍生应用。此阶段的采纳影响因素只局限在技术层面已不足以分析。研究分析层面主要有三方面：技术层面/组织层面/环境层面（Technology-Organization-Environment Contexts，TOE）（Tornatsky and Fleischer，1990；Kuan and Chau，2001）。一般影响因素被归纳为两大类：企业外部环境和企业内部环境。外部环境是指企业所在的外部宏观环境，其中包括行业特性，竞争局面及公共社会。企业内部环境分为两个层面：技术层面和组织层面。技术层面指企业所具备的技术能力和技术条件；组织层面指组织自身特殊状态如规模、年资、业务版块、流程和资源等。Dos Santos 和 Peffers 把采纳因素分为：（1）上游供应商、（2）竞争对手、（3）混合影响作用，我们能把这三种因素归纳在环境层面因素（Dos Santos and Peffers，1998）。Daniel 和 Gramshaw 把采纳因素清晰地分为内部与外部因素；外部因素分别指的是：（1）竞争、（2）客户、（3）供应商（环境层面）及内部因素、（4）内部运营（组织层面）。至 2004 年，影响采纳因素被 Grandon 和 Pearson 发展至四个因素：（1）组织适用性（组织层面）、（2）外部压力（环境层面）、（3）易用程度、（4）应用程度（技术层面）。组织适用性包括组织的经济及技术资源；外部压力包括来自竞争者及上下游的压力；易用度及应用度指的是新技术的容易操作及兼容外部技术的程度。

至 2005 年已发展至第三阶段，其研究已全面至五个分析层面：技术层面/管理者层面/组织层面/环境层面/综合互动层面（Molla and Licker，2005；Wang and Ahmed，2009）。由 Molla 提出的 Perceived E-Readiness Model（PERM）涵盖了四大层面——技术层面/管理者层面/组织层面/环境层面（Molla and Licker，2005）。PERM 的影响采纳机制由两个动力促成，分别是 Perceived Organizational E-Readiness（POER）及 Perceived External E-Readiness（PEER）。POER 包含三点：（1）组织期望利益、（2）管理者承诺、（3）组织条件。Wang 和 Ahmed 的观点跟 Molla 较为相似，提出：（1）组织能力、（2）期望利益、（3）外部压力为影响企业采纳电子商务采纳的因素（Wang and Ahmed，2009）。

另一种对电子商务研究文献的归纳，可按以下四个层次展开：

第一个层次是综合性研究：此层次内的研究不按所在国家及地区划分、

不限是哪种电子商务的活动模式、不限企业大小规模，从更大包容性的视角探究影响企业电子商务采纳的因素。值得一提的是，这层次的综合性实证研究的数量相对其他层次的研究比较少。以全球的范围进行电子商务采纳研究有以下这位研究者，他们研究的对象多为整个国家的总体均值采纳水平。有学者提出影响电子商务采纳的因素包括支持性的政府政策、有效的法律保障、具有兼容性的社会文化。另有研究人员则提出影响因素包括国家全面的经济发展水平、行政管理政策及措施、通信技术及基础设施、文化差异、激励手段、信仰和态度。Javalgi 和 Ramsey 的理论认为“信息技术和通信基础设施、社会及文化因素、商业环境、制度环境”更能对采纳形成影响。值得一提的是，他们是首位开始把制度环境放在考量范围之一，本书下半段会作更详细的延伸（Javalgi and Ramsey，2001）。基于 Javalgi 和 Ramsey 的制度视角，有学术界人士在他们的基础上补充了支援性的制度环境以及可靠的支付管道。

第二个层次的研究是按国家或区域来划分。根据国家或地区的固有特征，集中在某个国家或地区进行研究并归纳出影响电子商务采纳的因素是这层次研究文献的共通点。Wong 以新加坡为研究对象的报告结果显示，国家在通信科技方面的投资、对接全球的物流运输系统、完善健全的法律体制、充足匹配的人力资源及金融系统等因素，均是有效推动国家层面的电子商务采纳的因素；可新加坡面积狭小的国土却是抑制电子商务发展的重要短板。Grandon 和 Pearson 针对美国的电子商务采纳因素的研究指出：组织的内部预备程度、外部环境压力、系统易用性及预计的组织战略价值均构成电子商务采纳的影响因素（Grandon and Pearson，2004）。Molla 和 Licker 对南非国家电子商务活动所作研究的结果是极具启发意义的。在他们以前提出影响企业电子商务活动采纳的因素都是静态的，把制度环境考虑其中已是当时的最前沿理论。可 Molla 和 Licker 提出影响因素是动态变化的（Molla and Licker，2005）。企业采纳电子商务的早期阶段中，组织内部因素包括人力资源、技术资源、其他配套资源及组织对电子商务采纳的观念意识等因素，会比组织外部环境的影响作用较大。可当企业顺利过渡采纳的前期阶段并对应用纯熟运行以后，外部环境的影响则越见显著（谢伟和李培馨，2012)。

第三个层次是覆盖各电子商务活动的研究。此层次的研究内容主要关注特定种类的电子商务活动以及对其有影响作用的因素。两种主要的电子商务活动模式分别是 B2B（business-to-business）及 B2C（business-to-consumer)。由于这两种的商业模式的群体对象截然不同，因此有必要针对个别侧重点而展开研究。Kraer 等（2002）的研究指出企业身在全球化程度较高的地区会倾向于 B2B 电子商务模式的采纳；反之，处于全球化程度较低地区的企业更青睐 B2C 电子商务技术。此背后的逻辑是由于全球化程度较高的企业，大多是处于供应链上游的制造类企业，通过电子采购等 B2B 电子商务应用可以较大幅度地降低企业的运营成本。而处于供应链下游的零售企业和服务提供者面向最终消费者，电子商店等 B2C 电子商务的应用则可以创造更大的价值。针对电子商务采购这单一行为有学者专门研究并给出以下结论：真正决定电子商务采购是否能够有效降低企业成本，很大程度上取决于电子采购技术与企业原信息化系统的匹配度，信息化系统包括企业的物料支援系统、库存实时系统，两大系统的配合运作需要消耗企业资源。Davila 提出对电子采购行为产生影响的四大主要因素分别是：与企业现有的信息技术的兼容度、供应商和顾客的配合度、电子采购技术的成熟程度、电子采购过程的可控性及安全性。

有学者提出电子商店的采纳影响因素主要是两大方面：产品和网页界面。产品特性包括价格、多样性、是否适合通过互联网销售决定了顾客感知价值的大小；客户消费体验感觉取决于网页界面的设计是否友好。这两方面构成消费者愿意采用电子购物的销售模式。电子银行同样是电子商务的其中一种商业模式，但其影响因素截然不同。消费者采纳电子银行服务取决于安全性、便利性、易操作性、结果的可观性及服务内容等相对于传统银行业务的优势（Liao，1999）。电子旅游这一细分模式同样有学者针对其特性展开对其影响的相关研究。Wang 和 Cheung 提出竞争对手的压力、上下游压力（顾客、供应商等）、企业自身条件如人力物力资源、IT 资源；对创新改革的意识及对电子商务的认知及价值预判、高层管理者面对风险的态度等均产生显著性影响（Wang and Cheung，2004）。Eastin（2002）则是对前研究进行了一项汇总研究并把这层次的研究推到一个新的高度，同时向四项电子活动进行研究并归纳出其采纳的影响因素，包括对电话交易是否具备过往经验、消费者对交易风险的心理感知程度、对网络是否有信心、互联网使用的熟悉程度、电子交易的便利性及带来的好处等。他提出了“集群采用”（cluster adoption）的概念——即任何一种电子活动的采纳均会对其他类型的电子商务活动起促进作用。

第四个层次的研究是按企业的规模，把大企业和中小企业进行分类并分别展开研究。鉴于企业的资金规模和技术能力及所在竞争环境有所不同，大企业和中小企业采纳电子商务的动机和最终的收益也会不同。因此按企业规模进行划分并独立研究有其必要性。这层次的研究理论包含了多个视角出发进行研究。一是从企业外部环境出发进行研究；二是从侧重于企业自身特性探究影响因素；也有从电子商务技术特征出发进行的研究，但同时综观三方面影响因素及其合力作用的研究却非常少。可往往现实情况下中，企业是披露于多维度环境下而做出电子商务采纳的策略决策，Molla 和 Licker 在这个层次的研究提出了一个同时整合三方面因素的研究框架（Molla and Licker，2005）。

电子商务采纳的理论发展历史，主要从管理层面视角、组织层面视角、技术层面视角、环境层面视角以及这几方面的合成效应为视角。研究发展的沿革从片面到多元。从最早的 DOI 理论只关注技术因素，包括企业内部的技术复杂度、技术适用性、比较优势、操控性、实用性等技术因素作为考虑企业是否采纳电子商务的主力因素。管理层面视角尝试解释管理者对技术创新的投入与激情是促进企业采纳电子商务行为的主要因素。组织层面视角则更多关注组织自身特性，如组织专业与特长、功能差异化、制度正式化、权力集中度、风险承受度及创新度作为主力采纳因素。环境层面视角则相反的忽略企业内部因素而单纯关注企业的外部环境。外部压力包括市场力量、企业间的互衡关系、正式和非正式的制度力量以及社会文化经济等接近普及程度，都是限制企业进行创新的阻力因素。以上四层视角的合成效应我们称之为第五层面视角。这里假设企业内部、外部、技术、管理层面之间会相互影响并产生作用。正因为这模型能够突显个别的组织在特定的条件及特定的环境下能表现不一，因此能充分解释何故一些企业进行创新改革能大获成功，而一些复制同样机制的企业却遭遇失败。正是基于这合成效应的分析全面性，Molla 和 Licker 于 2005 年就发展中国家的电子商务行为采纳提出了预期电子商务采纳适用理论 perceived e-readiness model 这一基于这正种层面推理的分析理论。“预期适用性”的定义是指组织在管理层层面，组织层面及外在环境下组织对采纳电子商务决定的总体能力评估。Molla 和 Licker（2005）提出的 PERM 理论主要由两个理论组成——预期组织内部电商适用理论（perceived organizational e-readiness, POER model）及预期环境外部电商适用理论（perceived environmental e-readiness, PEER model）。前者关注组织内部层面，则后者着重组织的外部市场环境。Molla 和 Licker 的 PERM 理论最终得出的结论是：

组织因素尤其人力资源和技术资源方面，组织认知比外部环境更能促进首次电子商务采纳行为。

但随着组织已完成首次电子商务采纳行为，资源性的优势逐渐弱化。外部环境因素联同管理层契约，管理层管治等组织内部因素对电子商务制度化产生影响（Molla and Licker, 2005）。

电子商务领域的延伸研究

其中值得一提的是穿插在整个电子商务采纳因素的研究历程中，也有部分学者从社会心理学角度出发，提出电子商务改革决定发起于个人意愿，而非受外部环境影响（Grandon and Mykytyn, 2004）。计划行为理论指出动机是影响行为的积极性因素，而行为态度（attitude toward behavior）、主观信念（subjective norm）、固有行为模式（perceived behavioral control）又是影响个人意愿，从而影响行为的因素（Ajzen, 2003）。甚至于有学者在 Grandon、Mykytyn 及 Ajzen 的计划行为理论（TPB）上对电子商务采纳作进一步延伸，研究采纳对象从企业延伸至消费者，即消费者在怎样的条件因素下在采纳电子商务行为。基于计划行为理论的视角（Pavlou and Fygenson, 2006），这些研究都是对电子商务研究领域的补充。延伸研究还扩展至企业间电子商务采纳的扩散。社会网络分析法是一个已发展出一系列针对社会结构里创新扩散的传播性影响模型的理论方法。H. Y. Shih 沿用社会网络分析方法中的传播模型（contagion model），发展出社会上电子商务有可能扩散的两种模式：凝聚模式（the cohesion model）——扩散是基于直接信息沟通；结构性对等模式（the structural equivalence model）——扩散是基于网络地位的相同性。凝聚模式（the cohesion model）是指供应商和消费者的电子商务的采纳对企业的电子商务采纳决策有正面影响；而结构性对等模式（the structural equivalence model）是指竞争对手的电子商务的采纳对企业的电子商务采纳决策有正面影响（Shih，2006 and 2011）。

表 2-1　国外研究电子商务采纳影响因素历程表

阶段	年份	学者	电子商务采纳影响因素层面			
			技术层面	管理者层面	组织层面	环境层面
第一阶段	1983	Rogers				DOI/TAM
第二阶段	1990	Tornatsky 和 Fleischer	技术因素		组织因素	环境因素
第二阶段	1998	Dos Santos 和 Peffers				供应商/竞争对手/混合影响
第二阶段	2001	Kuan 和 Chau	技术因素		组织因素	环境因素
第二阶段	2002	Daniel 和 Grimshaw			内部运作	竞争格局/消费者/供应商
第二阶段	2004	Grandon 和 Pearson	易用程度/应用程度		组织适用性	外部压力
外延研究	2004	Elizabeth 和 Grandon		TPB/TRA		
第三阶段	2005	Molla 和 Licker	组织对电商操作性的评估			
第三阶段	2006	Dinlersoz 和 Pereiha	期望收益（利润/客户忠诚度/市场扩张）			

续上表

阶段	年份	学者	电子商务采纳影响因素层面			
外延研究	2006	Shih				结构性对等模式/凝聚模式
第三阶段	2009	Wang 和 Ahmed	技术能力		组织适用性	外部压力

电子商务国内理论背景

谭晓林对电子商务采纳因素作出以下几方面的论述：（1）区域层次（2）产业层次（3）企业层次。（1）区域层次包括人口因素、社会文化、政府的政策、基础设施；（2）产业层次包括零售业、金融业、其他行业；（3）企业层次包括企业电子商务采纳的来源与方式、人力资源、技术、企业规模。企业电子商务的采纳关键在于价值创新。为提高企业电子商务采纳成功率，企业需要从内、外两个方面入手，有效匹配资源，提高环境适应度，走自主创新之路（谭晓林，2013）。谢伟则以 Tornazky 和 Fleischer（1990）的环境、组织、技巧框架等理论来进行企业电子商务采纳因素的分析思路。谢伟指出：一、环境层面的影响因素包括（1）制度环境、（2）经济环境、（3）社会文化环境；二、企业层面的影响因素包括（1）企业规划、（2）企业战略、（3）国际化程度、（4）管理者态度、（5）消费者和供应商压力、（6）企业拥有的资源和能力；三、技术层面的影响因素包括（1）技术标准的形成、（2）企业自身的技术实力（谢伟，2012）。

表格 2－2　国内研究电子商务采纳影响因素表

作者	变量	细分因素
谭晓林（2013）	区域层次	人口因素/社会文化/政府的政策/基础设施
	产业层次	零售业/金融业/其他行业
	企业层次	采纳的来源与方式/人力资源/技术/企业规模

续上表

作者	变量	细分因素
谢伟（2012）	环境层面	制度环境/经济环境/社会文化环境
	组织层面	企业规划/企业战略/国际化程度/管理者态度/消费者和供应商压力/企业拥有的资源和能力
	技巧层面	技术标准的形成/企业自身的技术实力

企业制度基础观变迁理论

制度基础观起源于国际经贸中企业国际策略的制定。国际策略的制定主要有三个基础观组成：行业基础观（industry-based view），制度基础观（institution-based view）及资源基础观（resource-based view）。以 Porter（1980）为代表的行业基础观（industry-based view）认为行业内的状况是很大程度上影响企业策略和行为的因素。相对地，以 Barney（1991）为代表的资源基础观（resource-based view）则认为，是企业个体特定的特质和差异塑造企业的策略和行为。然而这两个观点都忽视了隐藏于行业内企业间竞争的正式和非正式制度环境，它们都把"制度"视作为"场景"。制度基础观（institution-based view）提出的观点恰恰就是这些包围企业外围的正式和非正式制度环境，正是大大影响企业策略和行为的因素。因此制度基础观是对原有行业基础观和资源基础观的补充，成为提供企业制定国际策略时以供指导的第三个观点。正式和非正式的制度环境被行业基础观和资源基础观忽略的原因，是由于以上两个观点的发展始于美国，一个高度市场化及相对稳定的制度框架的国家（Peng，2008）。可是发展中国家如中国，稳定性及市场化程度尚不如发达国家，正式及非正式制度在企业策略制定时起了显著的作用，甚至超过行业或企业自身的资源。

制度基础观是基于对制度环境的分析视角，那何为制度环境？制度环境是指在特定社会环境里有关合法性的一个制度化过程或影响机制（Grewal and Dharwadkar，2002）。所谓合法性，则是社会安稳的一个核心要素，是一个引导社会个体履行符合社会价值观、信念、文化的合情合理行为的一套观念或假设（Suchman，1995）。North（1990）认为制度是构成人与人之间互动的人为约束框架。Scott（1995）对制度的定义为提供社会行为的稳定性和意义的一套监管的、规范的、文化认知的结构和活动。制度环境由三大环境组成：监管性制度（如法律）；规范性制度（如职业）；文化认知性制度（如生活习俗）（Jia and Wang，2013）。因此，制度能广义的分为正式和非正式两大类。制度对社会性关联交易的管治领域包括政治的（如贪污、公众透明度）、法律的（如经济市场化、监管政权）、社会的（道德标准、创业精神）等方面。从前行业基础观和资源基础观也注意到"环境"的影响，但它们提及的环境只停留在"任务环境"，如市场求、技术变迁等经济性变量（Dess and Beard，1984），却没关注到这些经济层面下隐藏了更深层次的影响因素——是什么影响着制度之间、组织之间和他们的策略选择之间的微妙互动。制度基础观正是对以上忽略研究的补充，为发展中国家的企业与其所在环境复杂而常变的关联中提出一个分析指导。

制度基础观的观点是，企业的策略决定不仅仅是被业态和企业自身所驱动，而更多的是一个实际控制人所面临的正式和非正式的制度约束下的决策反映（Bruton，Dess and Janney，2007；Carney，2005；Chelariu，Bello and Gilliland，2006；Delios and Henisz，2000；Hill，2007；Khanna and Palepu，2000，2006；Lee，Peng and Barney，2007；Ma，Yao and Xi，2006；Meyer and Nguyen，2005；Rodriguez，Uhlenbruck and Eden，2005；Teegen et al.，2004；Wan and Hoskisson，2003）。正式和非正式的制度约束主要分为三个主要方面的制度：政治的、法律的和社会三方面的制度。

Peng（2008）针对国际经贸策略提出制度基础观分析时从宏观至微观的四个层面：（1）反低价介入市场（antidumping as entry barriers）、（2）印度内外竞争（competing in and out of India）、（3）中国本土化外企（growing the firm in China）、（4）发展中国家的企业治理（governing the corporation in emerging economies）。从宏观分析的第一个层面，国家会最大限度的保护本土企业，因此会制定相关法律条约进行外国企业介入的一个门槛，反低价介入市场条约便是其中之一，意思是外国企业不得以低于成本价倾销以取得市场份额后再提升价格，然而这一条约只针对外国企业，国内企业进行恶性低价不属违法。第二个层面是印度内外竞争，指的是一国虽为外国企业进本土投资设门槛，却从不干涉或无力干涉本土企业往国外转移。这说明本国在设高门槛来保护本地企业及就业的同时，巨型跨国企业为求得到更优质更低成本的产品/服务/人才会不惜千里迢迢把分公司开到他国，毕竟保持竞争力才是王道。既然伸手至他国，如何适应一方水土正是紧接下来的问题，（Peng，2008）提出的第三层面——中国本土化外企。值得一提的是中国打破了传统被认定低管治经济国家必定伴随低经济增长这一定律。制度基础观解析在低管治国家中，在高度管治国家中起规范作用的机构被非正式的人际关系网络所取代，而这不仅只是中国独有现象，发展中国家如阿根廷、智利等亦如是。微观的人际关系网络被上升为宏观的、组织间相互依存并结盟的大型组织网络，成为企业茁壮成长的土壤。不光本土企业如此，外资企业也是在这正式和非正式组织网络的作用下“落地生根”，至2005年直接投资与联合经营的比例已高至74%。最后，组织内微观层面的分析是——发展中国家的企业治理。在发展中国家，主营者与代理者之间的矛盾并非企业治理的主要矛盾；反之，主营者与主营者之间的矛盾才是，这主要是指持有控制权的股东（通常为家族或国家）与小股东。在发达国家，代理者（职业经理人）往往拥有太多控制权而增加股东的控制是所提倡的。相反在发展中国家这一现象恰恰相反，企业治理需要想方设法降低股东过多的控制权。

家族理论背景

家族企业是一种全世界都具有很高普遍度的企业形式，因此其在世界经济中所发挥的影响作用也是很重大的。可有关家族企业的研究在20世纪80年代以前几乎是空白，几位领先学者在有关方面作出文献贡献的包括Christensen（1953）、Donnelly（1964）和Levinson（1971）等人。*Family Business Review* 这一公开性学术刊物于1988年创办，正是这一研究领域的重大跃进（周立新，2005）。

家族企业的研究发现，家庭企业里存在着两个相互缠绕的子系统：家庭及公司（Aronoff and Ward，1991；Vilaseca，2002）。基于这个特质，家族企业有其独特的商业策略取向，与公司利益最大化的职业经理人代管的公司有所不同（Sharma et al.，1996）。File et al.（1994）及 Dunn（1995）明确指出家族企业具有复杂并多重的目标及多元的特优元素。Dunn（1995）指出家族企业更倾向于聘请家族成员以维持友好的家族关系，尽管表现并非至优。由此可见家庭和公司的关注和偏好极有可能相互抵触（Sharma et al.，1996）。Degadt（2003）更是进一步说明家庭和公司的价值观和偏好能够很好地互补，由此揭露家族企业的复杂性。除了日常运营存在高度复杂性外，在家族企业面对改革，特别是无先例可循的非连续性改革时，其复杂性更甚。这也是近年研究家族企业尤为关注的热点。当企业面对非连续变革时，家族治理也有着一定影响，使之与非家族企业的变革机制有所不同。家族的介入会减少非家族企业所拥有的高度正规化、高外部资金依赖度及高政治敏感度等。同时，企业会较容易出现受家族影响而瘫痪、对现成资产过度情感依赖及思维固化等风险。相比非家族企业，家族企业在做非连续变革时，虽改革意识较慢但其采纳及执行速度较快，也有着更高的激情和积极性。但是，自有资金的高度依赖弱化了对变革的资金投入；及固化思维也减低了变革中所需要的灵活性（Kamrlander et al.，2013）。

家族企业绩效研究的两大理论框架分别是代理理论（Agency Theory）和管家理论（Stewardship Theory）。管家理论提出企业持有人或实际控制人会出于力争企业长青而甘愿舍弃短期利益来获取企业的长期发展；代理理论则认为大部分企业持有人出于家族对企业的私有化目的而降低投资，减低失利投资的风险（Morck et al.，2005，Wiseman and Gómez-Mejía，1998）。Miller 提出影响家族企业到底是管家还是代理机制的决定因素在于行政人员受家族影响的程度，我们称之为家族嵌入（family embeddedness）。家族嵌入分为两个层次：实际控制人—家族的嵌入，及企业—家族的嵌入。前者指的是个人做行政决定时受家族的影响度；后者指的是企业整体受家族影响的程度。家族对企业的影响主要体现在对企业策略决策往持久发展、集权、团结和紧密联系等方面的引导（König，Kamrlander and Enders，2013）。本书的研究正是基于这两层家族嵌入度进行其对企业电子商务采纳行为的影响。

根据 König 的家族影响对非连续创新的理论对家族影响作出以下定义：

“在一盈利组织内，家族影响程度指的是企业受创始家族影响的程度，通过家族系统与企业管理系统的重叠程度来体现，具体以家族成员持企业股权比例为考核标准”。家族影响对组织内部产生正式机制和非正式机制的影响。正式机制包括董事会架构，董事会会议活动，组织管理，策略制定等（Chau et al.，1999）。非正式机制包括语言，习性，组织文化等（Sirmon and Hitt，2003）。非正式机制对家族企业显得尤为重要，原因是它拉近企业里家族成员的价值观、理念、目标，这些是“家族企业”的核心。家族影响对家族企业存在一个程度的影响，而家族治理的衡量需要一个标准。主流的家族理论研究者认为家族企业较非家族企业会偏向追求非利益为主导的目标及价值（Chrisman，Chua and Kellermanns，2009；Habbershon and Williams，1999）。社会经济性财富是其中一个例子（e. g. Chrisman et al.，2009；Gómez-Mejía et al.，2007；Habbershon and Williams，1999；Zellwege et al.，2012）。最具系统性的家族治理衡量标准要数 Miller 提出家族 4C 理论（Miller and Le Breton Miller，2005）。家族 4C 理论，指出家族企业普遍持有 4C 特性——Continuity（代际传袭）、Command（主控权）、Community（归属感）、Connections（关联）。Continuity（代际传袭）指出受家族影响较高的家族企业较影响低的家族企业更趋向企业的长久存在。其背后原因是创始人希望企业能够代际传袭延续至后代并且家族维持富裕度（Miller et al.，2010；Gómez-Mejía et al.，2007）。Command（主控权）反映家族控制人或家族代言人掌控的决策程度。家族主控权越大，家族所持股本比例较外部股东要大，家族影响便越高（Miller and Le Breton-Miller，2005）。Community（归属感）指组织员工间的数量及层级内关系的密度（Miller and Le Breton-Miller，2005）。Community（归属感）亦包含了决策者在较高家族影响的企业中，更倾向于更关系非家族成员及对全体员工的责任感上（Miller and Le Breton-Miller，2005）。Connections（关联）指受家族影响多的企业会更趋向于与合作伙伴维持稳定友好的对外关系，特别是供应商（Miller and Le Breton-Miller，2005）。这四项指标共同构建了家族企业受家族影响的程度。

家族影响对非连续创新采纳模型提出家族影响会对中介因素起以下

影响：

（1）家族影响会弱化组织的制度正式化程度；

（2）家族影响弱化组织对外部资源的依赖程度；

（3）家族影响弱化组织受政治的约束；

（4）家族影响强化组织对现有资产的情感纽带；

（5）家族影响强化组织的固有化思维程度。

家族影响会弱化组织的制度正式化程度。很多组织理论指出，制度正式化是壮大企业的一种成功表现（Hannan and Freeman，1984）。但当组织想推行非连续变革时，高度制度正式化会导致组织架构僵化。制度正式化的冗长流程甚至会把非连续创新的前瞻性被掩盖了（Danneels，2002）。有家族理论认为家族企业出于对 Continuity（代际传袭）的追求，会对任何给企业带来增长的商机保持高敏锐度及持开放态度（Farjoun，2010）。但同时家族企业的 Command（主控权）又促使家族企业会削减制度正式化程，因为家族企业想争取保留家族对企业的绝对控制及独立性（Gómez-Mejía et al.，2007）。同时，家族企业 Community（归属感）的特征与制度正式化是相违背的，因此是反作用动力。在追求家族企业里的高度归属感及强调和谐，企业更偏向人性化管理，更看重情感及合（Gómez-Mejía et al.，2001）。出于这点特性，家族治理会弱化组织的制度正式化程度。

家族影响弱化组织对外部资源的依赖程度。资源理论指出企业会由于依赖外部提供资源而组织的独立性受到约束（Christensen and Bower，1996；Pfeffer and Salancik，1978）。由于对外部资源的依赖，家族企业面临“创新者的两难”景况。外部资源提供方出于收益稳定性，更愿意给连续性创新而不是非连续创新提供资源，尽管非连续创新更有可能给组织带来真正长久的利益。家族理论认为家族影响与外部资源依赖存在负相关关系，也是符合家族企业特征对 Continuity（代际传袭）的 Command（主控权）追求，家族企业在外部资源与主控权两者间选举主控权，而主动降低负债率（Arregle et al.，2007）。

家族影响弱化组织受政治的约束。非连续创作给原组织内的政策稳定边界带来冲击，因这创新涉及一个未知的领域（Hannan and Freeman，

1977)。政治约束因而转化为对创新执行的决策拖延及低执行力度(Kotter, 2007)。家族企业追求 Continuity(代际传袭)的特征,家族企业为了可以长久发展的愿景而选择非连续创新的采纳,会促使内部克服政治的约束(Bower and Gilbert, 2006)(Anderson and Tushman, 1990)。由于家族企业的 Command(主控权)的特性,决策权主要落在几个共享共同理念和价值观的家族成员,大大削减意见分歧的可能性(Gómez-Mejía et al., 2001)。

家族影响强化组织对现有资产的情感纽带。行为学研究的观点指出决策者更倾向于现有资产存有丰富的情感纽带(Burgelman and Grove, 1996; Sydow et al., 2009)。情感纽带越强,决策者在资源重新分配上越纠结,因为需要把资源从原来核心业务转移到非连续创新上(Adner, 2012; Christensen, 1997; Teece, 2006)。由于家族企业的 Continuity(代际传袭)及 Community(归属感),家族管理者对原来资源存有高度的情感纽带,如人力资源。更多时候倾向于起用原有的人力资源而非聘任最合适的去出任非连续创新的执行(Berrone et al., 2010)。

家族影响强化组织的固有化思维程度。固有的思维模式使决策者较难跳出原有框架,致使他们更多问题解决的思路依然围绕着原领域内(Nelson and Winter, 1982)。狭窄的思维机制也是组织对于非连续创新缺乏前瞻性的特征之一(Barr et al., 1992)。家族影响越大,组织越倾向于思维被固有化,这是由于家族企业出于对 Continuity(代际传袭)的追求而把决策权只落在少数与家族有直接关系的高管上,外部人员较难进入核心决策层(Berroneet et al., 2010; Cruz, Gómez-Mejía and Becerra, 2010; Gómez-Mejía et al., 2001; Schulzeet al., 2001)。高度归属感的追求使家族企业维持较低水平的员工更新率(Miller and LeBreton-Miller, 2006),然而新员工率亦意味着新人力资源新模式新思维的引入。所以家族治理强化了组织的固有化思维程度。

除以上中介变量的影响关系,家族治理对非连续创新采纳的三个采纳维度(采纳速度、采纳强度及采纳持久度)也提出了影响机制:

(1)制度正式化和思维固化会延长采纳发现的速度;

(2)家族影响的原因,在采纳后发现弱制度正式化、高资源独立性及低政治约束有效提高采纳实施的速度；

（3）对现有资源的情感纽带会弱化采纳的资源投放（采纳强度）；

（4）高资源独立性加强了采纳的持久度，采纳不受外部资源干扰；

（5）思维固化弱化了非连续创新采纳的灵活性速度越慢；

家族影响对非连续创新采纳支持家族影响是对创新型采纳一个举足轻重的影响因素。

家族治理理论背景

家族企业的三个维度构成了家族治理对企业价值的影响：家族所有、家族控制及家族管理。研究指出，家族治理降低了民营上市公司价值，但家族所有、控制、管理三个维度的影响各不相同，家族治理的绩效最终取决于不同维度之间的组合（王明琳，2010）。家族企业的治理结构由三个因素组成：家族所有、家族控制及家族管理。而家族治理结构呈现出所有权与控制权集中、所有权与控制权分离、家族人员涉入管理的特征给家族企业带来有利或不利的影响，形成一个悖论。家族企业治理结构中的集中所有权、控制机制和家族成员涉入管理既可以给企业创作价值，也会给企业带来弊端。所以，家族企业特殊的治理结构会对企业绩效产生的效应取决于其带来的收益大于还是小于其带来的成本（李娜、王宣喻，2014）。由此可见，家族治理由三主要因素构成，即所有权、控制权和家族成员对家族企业的实际性管理。三个因素能反映不同视角的家族治理情况，有助于理解家族企业受家族影响的程度及情况。关于公司治理的研究包括两个方向：一个方向是治理变量对企业绩效的影响；另一个方向是治理变量是由企业内生而产生的，对企业绩效没有影响。所有权的界定最早源于所有权理论，而所有权理论在研究治理结构中处于基础性地位。所有权结构的差异决定着公司权力配置的差异，这种差异将会导致行为人对公司不同的行为方式，从而影响企业价值。最早给出所有权定义的是新古典经济学家 Knight。他以剩余索取权来解释企业所有权，认为企业的所有者就应该是企业剩余收益的索取者。在代理理论框架下，Fama 和 Jensen（1983）也认为企业的所有权就是剩余索取权。控制权是治理理论和公司实践的核心问题之一。从法律角度出发，英国《公司法》对控制（控股）关系界定为母子公司之间的控制关系和控股公司与子公司之间的控制关系。美国的投资公司法认为，控制是指对一个公司的经营管理或方针政策具有决定性影响的力量或权力，并认为只要直接或者间接拥有一个公司超过25%的投票权，就应该被认为是控制了这家公司。反观学术界，有的提出的定义较为宽松，如掌握了董事会的投票权即等同为掌握了控制权。控制权狭义的定义可理解为企业的剩余索取权；广义上的理解控制权则还包括特定的控制权，是指对企业的资源进行支配和利用的权力。

在学术文献中，大量家族治理理论都与企业绩效相关。一方的观点认为家族治理能导致更好的企业绩效（Anderson and Reeb，2003）。另一方的观点认为家族企业的生产率比非家族企业高出10%（Barth et al.，2005）。Miller持反对观点，认为美国家族企业的价值并没有高于非家族企业，即使创立者担任CEO的家族企业也不例外（Miller，2007）。由上述相互矛盾的结论可见家族治理的最终效果是复杂多变的。

三、小结

电子商务的产生是对传统商务模式的一次革命。当代信息技术革命突飞猛进，特别是以互联网（internet）为核心的网络技术的发明与广泛应用，使整个人类社会进入网络经济时代。全球范围内的信息共享，屏除地域和时间的限制，大大降低了公司与外部和内部的营运管理成本。同时，互联网也打开了一个崭新的市场，一个没有区域和时间限制、生产者能直接与终端消费者在一瞬间达成交易的市场。因此，在商业贸易领域中自然而然地引发一场交易方式的变革。电子商务被定义为通过网络进行买卖的信息、产品或服务（Lawrence et al.，1998）。Zwass（1996）更广泛的把电子商务定义为两个或多个单位于互联网进行的多元活动，其中包括信息、资料或有价值根据的交换—横跨企业间（B2B），消费者间（B2B，B2C，C2C）及政府间（G2B，G2C）（Zwass，1996）。近年有更多模式迅速发展起来，如C2B（消费者对企业），O2O（在线对线下），B2T（企业对团体采购）等等。企业电子商务采纳被广泛关注及研究，与它快速的发展速度与遍布性不无关系。

电子商务的发展大致分为两个阶段：电子资料交换 EDI（electronic data interchange）和互联网电子商务。第一阶段是始于 20 世纪 70 年代末作为企业间电子商业雏形的 EDI 和电子资金传送，交易两方间可进行实时的端对端资料传送，其至 20 世纪 90 年代已发展十分成熟。第二阶段是始于 20 世纪 90 年代初的互联网电子商务，其定义是以互联网结为架构，以交易双方为主体，以银行支付和结算为手段，以客户数据库为依托的全新商务模式。

近年来学术界对电子商务采纳的研究成果丰富。这些研究大多聚焦影响企业采纳电子商务行为的因素（Datti，2011；Wang and Ahmed，2009）。大多数电子商务改革的研究源用了改革扩散理论（Rogers，1983）。Tornatsky 和 Fleischer（1990）认为技术、组织、环境（technology-organization-environment，TOE）是影响改革扩散的原因。Molla 和 Licker（2005）提出的 Perceived E-Readiness Model（PERM）把影响因素分为五个层面：技术层面/组织层面/管理层面/环境层面/互动层面。也有部分学者从社会心理学角度出发，提出电子商务改革决定发起于个人意愿，而非受外部环境影响（Grandon and Mykytyn，2004）。计划行为理论指出动机是影响行为的积极性因素，而行为态度（attitude toward behavior）、主观信念（subjective norm）、固有行为模式（perceived behavioral control）又是影响个人意愿，从而影响行为的因素（Ajzen，1991）。尽管对电子商务采纳和行为的研究众多且广，但关于家族影响对其行为的影响不多。有少数对家庭经营的企业进行电子商务采纳的研究，其分析侧重点还是环境因素对家族企业策略制定的影响，从而影响采纳的采纳。因此本书的创新点在于以家族治理为起点，基于制度基础观的视角，剖析其对电子商务采纳行为的影响。中国大部分民营企业属于家族企业，一些表面上非家族企业在顶层策略制定时也是受着一定程度的家族影响。因此家族治理影响对管理改革，尤其以电子商务采纳这种发展迅速、指导和实践理论缺乏的领域中，其研究意义更为重要。

第三章　基础理论与模型

一、电子商务采纳的基础理论与模型

预期电商适用理论 PERM 的理论分析

电子商务采纳的理论发展历史，主要从管理层面视角、组织层面视角、技术层面视角、环境层面视角以及这几方面的合成效应为分析视角。研究发展的沿革从片面到多元。从最早的 DOI 理论只关注技术因素，包括企业内部的技术复杂度、技术适用性、比较优势、操控性、实用性等技术因素作为考虑企业是否采纳电子商务的主力因素。管理层面视角尝试解释管理者对技术创新的投入与激情是促进企业采纳电子商务行为的主要因素。组织层面视角则更多关注组织自身特性，如组织专业与特长、功能差异化、制度正式化、权力集中度、风险承受度及创新度作为主力采纳因素。环境层面视角则相反地忽略企业内部因素而单纯关注企业的外部环境。外部压力包括市场力量、企业间的互衡关系、正式和非正式的制度力量以及社会文化经济等接近普及程度，都是限制企业进行创新的阻力因素。以上四层视角的合成效应我们称之为第五层面视觉。这里假设企业内部、外部、技术、管理层面之间会相互影响并产生作用。正因为这模型能够突显个别的组织在特定的条件及特定的环境下能表现不一，因此能充分解释为何一些企业进行创新改革能大获成功而一些复制同样机制却遭遇失败。正是基于这合成效应的分析全面性，Molla 和 Licker 于 2005 年就发展中国家的电子商务行为采纳提出了预期电子商务采纳适用理论（perceived e-readiness model）这一基于合成效应层面推理的分析理论。“预期适用性”的定义是指组织在管理层层面，组织层面及外在环境下组织对采纳电子商务决定的总体能力评估。Molla 和 Licker 提出的 PERM 理论主要由两个理论组成——预期组织内部电商适用理论（perceived organizational e-readiness model，POER model）及预期环境外部电商适用理论（perceived environmental e-readiness model，PEER model）。前者关注组织内部层面，后者则着重组织的外部市场环境。

组织内部电商适用理论（perceived organizational e-readiness model，POER model）的三大主力因素：

表 3－1　POER 组织内部因素

<table>
<tr><td rowspan="3">POER</td><td rowspan="3">组织内部因素</td><td>组织因素</td><td>组织对电子商务的预期，理解，展望，以及其潜在利益与风险（创新层面的特性）</td></tr>
<tr><td>高管认知</td><td>高层管理者的契约（管理层面的特性）</td></tr>
<tr><td>组织特性</td><td>关键组织特质，例如组织资源，流程，商业架构等（组织层面的特性）</td></tr>
</table>

组织外部电商适用理论（perceived external e-readiness model，PEER model），电子商务的采纳决定取决于三大因素：

表 3－2　PEER 组织外部因素

<table>
<tr><td rowspan="3">PEER</td><td rowspan="3">组织外部因素</td><td>政府因素</td><td>组织认为政府对组织实施电子商务的支援程度（外部层面的特性）</td></tr>
<tr><td>市场力量</td><td>组织认为市场环境，竞争格局对组织实施电子商务的接受程度（外部层面的特性）</td></tr>
<tr><td>上下游行业特性</td><td>组织认为上下游对组织实施电子商务的支援程度（外部层面的特性）</td></tr>
</table>

归纳起来，Molla 和 Licker 提出的电子商务采纳模型如下：

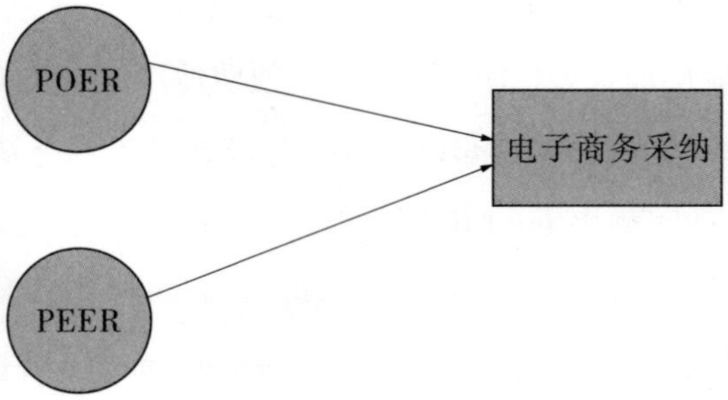

图 3－1　组织预期电子商务采纳适用理论基础模型

中国经济近三十年高速发展，维持 GDP 平均增长率近 10% 的高位。虽总体国家水平已大大提升但就总体国民收入水平计算，中国尚属于发展中国家。因此笔者认为以预期电商适用理论在中国这一背景下，作为理论分析研究框架的基础并加以大样本资料检证家族企业对电子商务的采纳存在匹配性。建立在过往电子商务采纳行为采纳的研究上，我们对 Molla 和 Licker（2005）的预期电商适用理论（perceived e-readiness model，PERM），预期组织内部电商适用理论（perceived organizational e-readiness，POER）及预期环境外部电商适用理论（perceived environmental e-readiness，PEER）作出修正及深化。首先通过子研究 1，我们对 POER Model 进行深化，挖掘出对 POER 组织内部因素的影响机制－家族影响，并进行大样本实证检验。深挖家族影响对组织内部因素（1）组织特性、（2）组织认知、（3）管理者认知起到相应的作用。继而通过子研究 2，我们对组织外部和组织内部因素间的相互关系进行深化研究，解剖组织外部因素（4）环境制度如何对组织内部因素（1）组织特性、（2）组织认知、（3）管理者认知等均起调整作用。最终找出家族影响如何通过组织内部的中介变量及外部的调节变量对企业的电子商务采纳行为的影响机制。

原 PERM 理论认为内部因素和外部因素是平行对电子商务采纳分别各自作出影响，并且认为电子商务应分为两个层次：首次电子商务采纳及电子商务采纳制度化。

表 3－3　电子商务的采纳层次

电子商务采纳	首次电子商务采纳	组织成功处于一个互动的电子商务状态，统称为首次电子商务采纳
	电子商务采纳制度化	指出组织是否已保持互动的、交易性的、整合的电子商务状态

PERM 理论的逻辑框架如下：

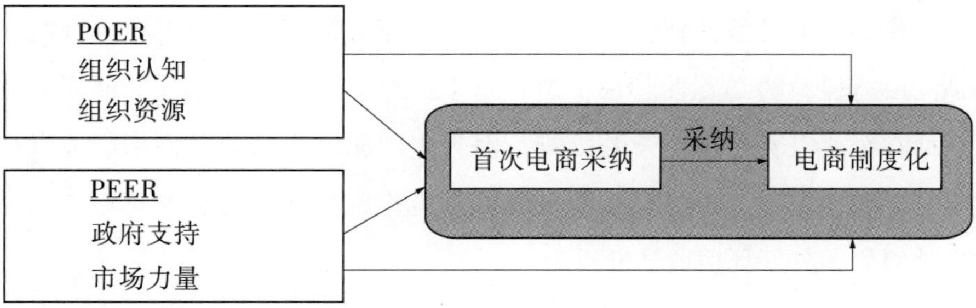

图 3－2　组织预期电子商务适用模型（PERM）

Molla 和 Licker 的 PERM 理论最终得出的结论是：

（1）组织因素，尤其在人力资源和技术资源方面，组织认知比外部环境更能促进首次电子商务采纳行为。

（2）随着组织已完成首次电子商务采纳行为，资源性的优势逐渐弱化，外部环境因素联同管理层契约，管理层管治等组织内部因素将对电子商务制度化产生影响。

PERM 电商采纳理论只指出组织认知比外部环境更能促进首次电子商务采纳行为，那其他组织内部的因素对组织的电子商务采纳又是否存在促进或阻碍作用？此外，结论（1）又是否适用于中国这个发展中国家？本研究根据家族治理理论及电子商务适用理论提出假设并进行验证。

根据 Molla 和 Licker 对组织特性的定义，指组织资源方面，技术方面，组织架构等。家族企业理论更广泛包含非物体的量表，包括组织的正式化程度及僵硬化程度等。笔者认为放在中国的大背景下，更有必要关注企业的正式化制度。由于大多数家族企业的起源多来自家族内的两夫妻，兄弟姐妹，家族成员等等，再加上中国人强调伦理关系及人情，因此大部分家族企业对家族成员有天然的安全感，而对非家族成员存在一定程度的不信任心态，高管的任命更倾向于选择委任泛家族成员。中国家族企业普遍存在制度正式化较非家族企业低的现象，而家族企业内有较高比例的泛家族成员。弱制度正式化也会衍生不少企业问题，包括对公司造成损失等。

综观 PERM 电商采纳理论认为内部因素和外部因素是平行对电子商务采纳分别作出影响，且外部环境的影响并不显著。Molla 和 Licker 的结论是基于发展中国家，并未考虑每个发展中国家的特定背景。鉴于中国属于发展中国家之列但具备其独特性，对 PERM 电商采纳理论尤其对中国环境下的适用度有检验的必要性。在中国背景下，外部存在诸多正式和非正式制度对所在企业有着错综复杂的影响，因为中国属于人情关系网络较复杂但却异常重要的国家。因此有必要对外部环境作深层次的分析和理解，有针对性地对组织外部环境展开分析。

制度基础观理论分析

外部环境因素（PEER）对组织内部因素（POER）的调节机制：制度基础观理论

制度基础观起源于国际经贸中企业国际策略的制定，国际策略的制定主要有三个基础观组成：行业基础观（industry-based view），制度基础观（institution-based view）及资源基础观（resource-based view）。以 Porter（1980）为代表的行业基础观（industry-based view）认为行业内的状况是很大程度上影响企业策略和行为的因素。相对地，另有资源基础观（resource-based view）则认为，是企业个体特定的特质和差异塑造企业的策略和行为。然而这两个观点都忽视了隐藏于行业内企业间竞争的正式和非正式制度环境，它们都把“制度”视作为“场景”。制度基础观（institution-based view）提出的观点恰恰就是这些包围企业外围的正式和非正式制度环境，正是大大影响企业策略和行为的因素。因此制度基础观是对原有行业基础观和资源基础观的补充，成为提供企业制定国际策略时以供指导的第三个观点。正式和非正式的制度环境被行业基础观和资源基础观忽略的原因，是由于以上两个观点的发展始于美国，一个高度市场化及相对稳定的制度框架的国家（Peng et al.，2008）。可是发展中国家如中国，稳定性及市场化程度尚不如发达国家，正式及非正式制度在企业策略制定时起了显著的作用，甚至于超过行业或企业自身的资源。

制度基础观是基于对制度环境的分析视角，那何为制度环境？制度环境是指在特定社会环境里有关合法性的一个制度化过程或影响机制（Grewal and Dharwadkar，2002）。所谓合法性，则是社会安稳的一个核心要素，是一个引导社会个体履行符合社会价值观、信念、文化的合情合理行为的一套观念或假设（Suchman，1995）。North（1990）认为制度是构成人与人之间互动的人为约束框架。Scott（1995）对制度的定义为提供社会行为的稳定性和意义的一套监管的、规范的、文化认知的结构和活动。制度环境由三大环境组成：监管性制度（如法律）；规范性制度（如职业）；文化认知性制度（如生活习俗）（Jia and Wang，2013）。因此，制度能广义的分为正式和非正式两大类。制度对社会性关联交易的管治领域包括政治的（如贪污、公众透明度）、法律的（如经济市场化、监管政权）、社会的（道德标准、创业精神）等方面。从前行业基础观和资源基础观也注意到"环境"的影响，但它们提及的环境只停留在"任务环境"，如市场需求、技术变迁等经济性变量（Dess and Beard，1984），却没关注到这些经济层面下隐藏了更深层次的影响因素——是什么影响着制度之间、组织之间和它们的策略选择之间的微妙互动。制度基础观正是对以上忽略研究的补充，为发展中国家的企业与其所在环境复杂而常变的关联中提出一个分析指导。

制度基础观的观点是：企业的策略决定不仅仅是被业态和企业自身所驱动，而更多的是一个实际控制人所面临的正式和非正式的制度约束下的决策反映（Bruton，Dess and Janney，2007；Carney，2005；Chelariu，Bello and Gilliland，2006；Delios and Henisz，2000；Hill，2007；Khanna and Palepu，2000，2006；Lee，Peng and Barney，2007；Ma，Yao and Xi，2006；Meyer and Nguyen，2005；Rodriguez，Uhlenbruck and Eden，2005；Teegen et al.，2004；Wan and Hoskisson，2003）。正式和非正式的制度约束主要分为三个主要方面的制度：政治的、法律的和社会三方面的制度。

M. W. Peng 针对国际经贸策略提出制度基础观分析时从宏观至微观的四

个层面：（1）反低价介入市场（antidumping as entry barriers）、（2）印度内外竞争（competing in and out of India）、（3）中国本土化外企（growing the firm in China）、（4）发展中国家的企业治理（governing the corporation in emerging economies）。从宏观分析的第一个层面，国家会最大限度的保护本土企业，因此会制定相关法律条约设立外国企业进入的门槛，反低价介入市场条约便是其中之一，意思是外国企业不得以低于成本价倾销以取得市场份额后再提升价格，然而这一条约只针对外国企业，国内企业进行恶性低价竞争不属违法。第二个层面是印度内外竞争，指的是一国虽为外国企业进本土投资设门槛，却从不干涉或无力干涉本土企业往国外转移。这说明本国在设高门槛来保护本地企业及就业的同时，巨型跨国企业为求得到更优质更低成本的产品/服务/人才会不惜千里迢迢把分公司开到他国，毕竟保持竞争力才是王道。既然伸手至他国，如何适应一方水土正是紧接下来的问题。M. W. Peng 提出的第三层面——中国本土化外企。值得一提的是中国打破了传统被认定低管治经济国家必定伴随低经济增长这一定律。制度基础观解析在低管治国家中，在高度管治国家中起规范作用的机构被非正式的人际关系网络所取代，而这不仅只是中国独有现象，发展中国家如阿根廷、智利等国家如是。微观的人际关系网络被上升为宏观的、组织间相互依存并结盟的大型组织网络，成为企业茁壮成长的土壤。不光本土企业如此，外资企业也是在这正式和非正式组织网络的作用下“落地生根”，至 2005 年直接投资与联合经营的比例已高至 74%。最后，组织内微观层面的分析是——发展中国家的企业治理。在发展中国家，主营间与代理者之间的矛盾并非企业治理的主要矛盾；反之，主营者与主营者之间的矛盾才是，这主要是指持有控制权的股东（通常为家族或国家）与小股东。在发达国家中，代理者（职业经理人）往往拥有太多控制权而增加股东的控制是得到提倡的。相反在发展中国家这一现象恰恰相反，企业治理需要想方设法降低股东过多的控制权。

根据 PERM 理论，组织内部环境因素（POER）决定组织对电子商务的采纳行为，但此决策受到一定程度的外部环境因素（PEER）影响。外部环境因素（PEER）是指组织所在的行业环境、政府政策背景、竞争格局及上下游关系等。我们认为外部环境因素（PEER）是对组织是否决定进行电子商务行为起了一个调节作用，而非直接的因果关系。原因是外部环境因素（PEER）提供了一个条件促使组织意识到改革的需要，可是否能采纳改革取决于组织自身，即组织内部因素（POER）是否符合。因此本书以制度基础观理论来分析外部环境因素（PEER）如何调节组织内部因素（POER）对电子商务采纳行为的影响，也是本书对此领域研究的创新之一。除上述提到的政府政策背景、竞争格局及上下游关系三大因素外，本书提出组织过往利润业绩也是一个外部的调节变量。过往利润业绩是历史的沉淀，无法像组织内部因素那样作动态的可以能动性地进行调整。但过往利润可以提升组织进行电子商务采纳时的抗风险程度。因此本书把组织外部因素同时归纳在其中而提出全新的电子商务采纳模型。以 PERM 理论和 IBV 制度基础观理论作为理论框架背景，推理出家族治理通过组织因素中介变量从而影响电子商务采纳的理论模型。我们对组织外部和组织内部因素间的相互关系也进行了深化研究，解剖组织外部因素如何对组织内部因素（1）组织特性（2）组织认知（3）管理者认知起调节作用。最终找出家族治理如何通过组织内部的中介变量及外部的调节变量对企业电子商务采纳行为的影响机制。

二、家族治理的基础理论与模型

家族影响对非连续创新采纳的理论分析

根据 König 的家族影响对非连续创新的理论对家族影响得出以下定义：

组织的家族因素取决于企业受创始家族影响的程度，通过家族系统与企业管理系统的重叠程度来体现，具体以家族成员持企业股权比例为考核标准。家族因素会对组织内部产生正式机制和非正式机制的影响。正式机制包括董事会架构、董事会会议活动、组织管理、策略制定等（Chau et al.，1999）。非正式机制包括语言、习性、组织文化等（Sirmon and Hitt，2003）。相对于正式机制，非正式机制对家族企业显得尤为重要，原因是奠定了“家族企业”的核心，这些核心包括价值观、理念、目标，一组团结着企业里家族成员的核心价值。家族影响对家族企业存在一定程度的影响，而家族治理的衡量需要一个标准。主流的家族理论研究者认为家族企业较非家族企业会偏向追求非利益为主导的目标及价值（Chrisman，Chua and Kellermanns，2009；Habbershon and Williams，1999）。社会经济性财富是其中一个例子（例如 Chrisman et al.，2009；Gómez-Mejía et al.，2007；Habbershon and Williams，1999；Zellweger、Kellermanns、Chrisman and Chua，2012）。最具系统性的家族治理衡量标准要数 Miller 提出家族 4C 理论（Miller and Le Breton Miller，2005）。家族 4C 理论，指出家族企业普遍持有 4C 特性——Continuity（代际传袭）、Command（主控权）、Community（归属感）、Connections（关联）。Continuity（代际传袭）指出受家族因素影响较高的家族企业较影响低的家族企业更趋向企业的长久存在，为维持家族的富裕度创始人尽最大所能代际传袭延续企业给后代（Miller et al.，2010；Gómez-Mejía et al.，2007）。Command（主控权）反映家族控制人或家族代言人掌控的决策程度。家族相对外部股东持股的比例越大，家族主控权便越大，而家族因素影响则越高。Community（归属感）指组织内部员工之间、阶层之间的关系密切度与融洽度。Community（归属感）亦包括了决策者在较高家族因素影响的企业中，更倾向于更关心非家族成员及对全体员工的责任感上。Connections（关联）是指家族与外部关联的密切程度。在对外关系的处理上，受家族因素影响较多的企业会更趋向于与合作伙伴维持稳定友好的对外关系，特别是供应商。这四项指标共同构建了家族企业受家族影响的程度（Miller and Le Breton-Miller，2005）。

König 构建的家族影响对非连续创新的模型是由两部分构成：首先是家族影响对五大非连续创新采纳的阻碍因素的模型假设，从而推理家族影响对采纳的速度、强度、灵活度的影响。家族影响对非连续创新采纳的模型：

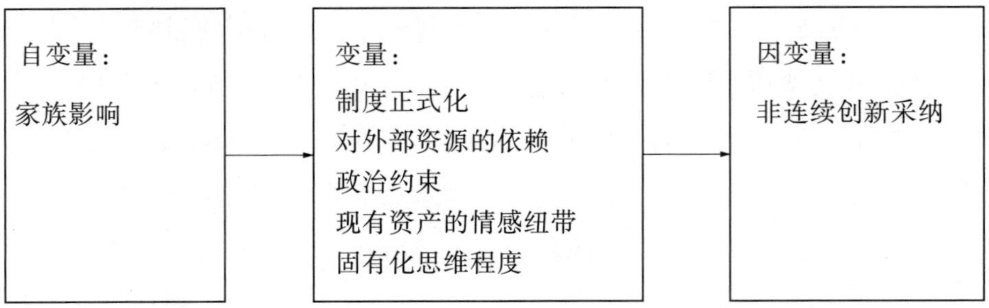

图 3－3　家族影响对非连续创新采纳模型

家族影响对非连续创新采纳模型提出家族影响会对中介因素起以下影响：

（1）家族影响会弱化组织的制度正式化程度；

（2）家族影响弱化组织对外部资源的依赖程度；

（3）家族影响弱化组织受政治的约束；

（4）家族影响强化组织对现有资产的情感纽带；

（5）家族影响强化组织的固有化思维程度。

家族影响会弱化组织的制度正式化程度。很多组织理论指出，制度正式化是企业壮大成熟的附带表现（Hannan and Freeman，1984）。可是高度制度正式化给组织带来组织架构僵化，是组织想推行改革创新特别是非连续创新的一道障碍（Hannan and Freeman，1984）。非连续创新的前瞻性甚至会被制度正式化的冗长流程给掩盖了（Danneels，2002）。但也有家族理论提出，家族企业出于对 Continuity（代际传袭）的追求，企业发展是一切前提，会对任何给企业带来增长的商机保持高敏锐度及持开放态度（Farjoun，2010）。但同时对于家族企业的 Command（主控权），家族企业更倾向于保留家族对企业的绝对控制及影响力，从而又促使家族企业会削减制度正式化程度（Gómez-Mejía et al.，2007）。最后，家族企业 Community（归属感）的特征与制度正式化是相违背的，因此是反作用动力。出于企业的归属感追求，家族企业更强调企业内的和谐，人性化管理是自然而然被推崇而这恰恰是与制度正式化相违背（Gómez-Mejía et al.，2001）。

家族影响弱化组织对外部资源的依赖程度。资源理论指出企业会由于依赖外部提供资源而组织的独立性受到约束（Christensen and Bower，1996）。由于对外部资源的依赖，家族企业面临“创新者的两难”景况。外部资源提供方出于收益稳定性，更愿意给连续性创新而不是非连续创新提供资源，尽管非连续创新更有可能给组织带来真正长久的利益（Christensen and Bower，1996）。家族理论认为家族影响与外部资源依赖存在负相关关系，也是符合家族企业特征对 Continuity（代际传袭）的 Command（主控权）追求，家族企业在外部资源与主控权两者间选举主控权，而主动降低负债率（Arregle et al.，2007）。

家族影响弱化组织受政治的约束。非连续创新给原组织内的政策稳定边界带来冲击，因这创新涉及一个未知的领域（Hannan and Freeman，1977）。政治约束因而转化为对创新执行的决策拖延及低执行力度（Kotter，2007）。家族企业追求 Continuity（代际传袭）的特征，家族企业为了可以长久发展的愿景而选择非连续创新的采纳，会促使内部克服政治的约束（Bower and Gilbert，2006；Anderson and Tushman，1990）。由于家族企业的 Command（主控权）的特性，决策权主要落在几个共享共同理念和价值观的家族成员，大大削减意见分歧的可能性（Gómez-Mejía et al.，2001）。

家族影响强化组织对现有资产的情感纽带。行为学研究的观点指出决策者更倾向于现有资产存有丰富的情感纽带，（Burgelman and Grove，1996；Sydow et al.,2009）。情感纽带越强，决策者在资源重新分配上越纠结，因为需要把资源从原来核心业务转移到非连续创新上（Adner，2012；Christensen，1997；Teece，2006）。

由于家族企业的 Continuity（代际传袭）及 Community（归属感），家族管理者对原来资源存有高度的情感纽带，如人力资源。更多时候倾向于起用原有的人力资源而非聘任最合适的去出任非连续创新的执行人（Berrone et al.，2010：86）。

家族影响强化组织的固有化思维程度。固有的思维模式使决策者较难跳出原有框架，以致他们更多问题解决的思路依然围绕着原领域（Nelson and Winter，1982）。狭窄的思维机制也是组织对于非连续创新缺乏前瞻性的特征之一（Barr，Stimpert and Huff，1992）。家族影响越大，组织越倾向于思维被固有化，这是由于家族企业出于对 Continuity（代际传袭）的追求而把决策权只落在少数与家族有直接关系的高管上，外部人员较难进入核心决策层（Berrone et al.，2010；Cruz et al.，2001；Schulze et al.，2001）。高度归属感的追求使家族企业维持较低水平的员工更新率（Miller and Le Breton-Miller，2006），然而新员工率亦意味着新人力资源新模式新思维的引入。所以家族治理强化了组织的固有化思维程度。

除以上中介变量的影响关系，家族治理对非连续创新采纳的三个采纳维度（采纳速度、采纳强度及采纳持久度）也提出了影响机制：

（1）制度正式化和思维固化会延长采纳发现的速度；

（2）家族影响的原因，在采纳发现后弱制度正式化、高资源独立性及低政治约束有效提高采纳实施的速度；

（3）对现有资源的情感纽带会弱化采纳的资源投放（采纳强度）；

（4）高资源独立性加强了采纳的持久度，采纳不受外部资源干扰；

（5）思维固化弱化了非连续创新采纳的灵活性速度越慢。

家族影响对非连续创新采纳支持家族影响是对创新型采纳一个举足轻重的影响因素。

第四章 家族治理与电子商务采纳的影响机制模型

结合家族影响对非连续创新理论与电子商务采纳行为采纳的研究，我们对预期电商适用理论（perceived e-readiness model，PERM），预期组织内部电商适用理论（perceived organizational e-readiness，POER）及预期环境外部电商适用理论（perceived environmental e-readiness，PEER）作出修正及深化。首先验证家族治理（X）对电子商务采纳（Y）的直接效应；继而验证家族治理（X）通过中介变量组织因素（M）对电子商务采纳（Y）产生的中介效应；及调节变量环境因素（MO）对组织因素（M）及电子商务采纳（Y）之间的关系起到的调节作用，最终得出家族治理对电子商务采纳行为的影响机制。

一、中介效应的验证方法与步骤

中介效应（mediation effect）指的是自变量 X 对因变量 Y 不直接产生影响，而是通过一个或多个中间变量而间接地起了影响效应。考虑自变量 X 对因变量 Y 的影响，如果 X 通过影响变量 M 而对 Y 产生影响则能称 M 为中介变量（mediator）。中介效应可分为完全中介及部分中介效应，一般出现在有一个以上的多个中介变量的模型里。而当模型里只有一个中介变量时，中介效应所产生的效应就是中间接效应。

在模型里一般会存在多个变量，包括自变量、因变量、中介变量还有调节变量。调节变量（moderator）会对变量间的关系起到调节作用，模型的验证也因此而变得更为复杂。

本研究的家族治理与电子商务采纳行为的影响机制模型内含三个中介变量及两个调节变量，是一个中介效应模型。后面采用依次检验法对模型进行实证检验。

中介效应的验证方法和步骤

中介效应的验证一般来说有三种方法：依次检验法、差异检验法和系数乘积项检验法。本书中采用依次检验法来对本书提出的上市家族企业电子商务采纳行为的影响机制的中介效应模型进行验证。

依次检验法的验证步骤：

以最简单的三变量为例，介绍中介效应模型的验证步骤。三变量的中介效应模型中介关系可以用回归方程表示如下：

其中 X 是自变量，M 是中介变量，Y 是因变量。

（1）$Y = aX + e1$

（2）$M = bX + e2$

（3）$Y = a'X + cM + e3$

上述 3 个方程模型图如下：

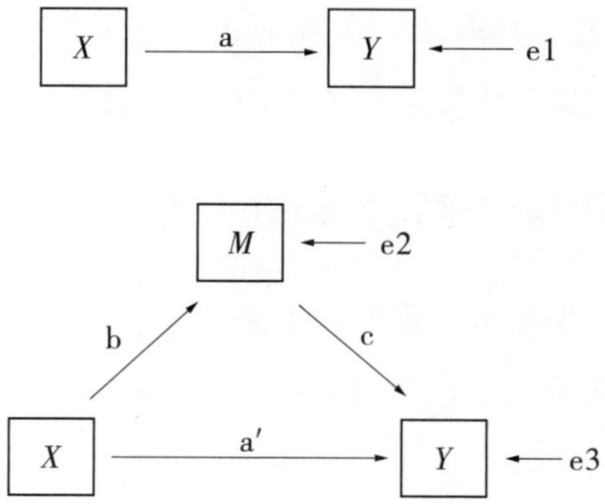

图 4－1　中介效应图

依次检验法分别检验上述（1）、（2）、（3）三个方程中的回归系数，步骤如下：

1．首先验证自变量 X 和因变量 Y 的相关关系：即检验方程（1）$Y = aX$

$+e1$，若 a 显著，则继续检验方程（2）；若 a 不显著，则说明 X 对 Y 相关关系不成立，则停止中介效应验证步骤。

2. 再验证自变量 X 和中介变量 M 的相关关系：即在 a 通过显著性验证后，继续进行以下的步骤，继续验证方程（2）$M=bX+e2$，若 b 显著，则继续验证方程（3）；若 b 不显著，就停止验证。

3. 最后验证自变量 X、中介变量 M 和因变量 Y 的相关关系，并判定中介效应是否成立：即在方程（1）和（2）都通过显著性验证后，验证方程（3）$Y=a'X+cM+e3$，首先检验 c 的显著性，如果 c 显著，则说明中介效应显著；然后再检验 a′，若 a′显著，则说明中介效应是不完全中介效应，如果不显著，则说明是完全中介效应，X 对 Y 的作用完全通过 M 来实现。

本书采取了上述依次检验法的三个步骤对模型进行验证，判定模型假设的中介效应是否成立。

二、研究对象

本书提供一个具普遍性及代表性的研究意义，本研究以大样本的数据进行实证研究，并能覆盖不同行业的跨度。最后锁定研究对象为中国上市公司中的家族企业。家族企业的界定以企业所有权或控制权归家族所有，以及至少有两名或以上的家族成员在实际参与经营管理的企业。

后面的理论及实证分析研究，均以中国上市公司家族企业为研究对象。

三、家族治理与组织特性和电子商务采纳的中介效应模型

考虑到这是一个中介效应模型，根据中介效应模型中的自变量→因变量、自变量→中介变量以及自变量和中介变量→因变量的步骤，建立如下假设：

1. 家族所有权对电子商务采纳的直接作用

组织创新能力是确保家族企业持续竞争优势的关键，电子商务作为当今组织创新的一种细化模式，同样需要组织具备创新变革的能力。前期文献揭示，家族企业作为家族涉入企业所形成的复杂系统，其组织创新能力会显著地受到家族涉入因素的影响（Lichtenthaler and Muethel，2012；Zahra et al.，2007）。由于家族涉入程度存在差异，不同类型家族企业组织创新能力可能不同。如 Lichtenthaler 和 Muethel 发现，家族涉入对家族企业创新能力（感知创新机会的能力及重构企业创新过程的能力）有显著的正向影响（Lichtenthaler and Muethel，2012）

子假设 H1-a：家族所有权（X1）对电子商务采纳（Y）存在正 U 关系，家族所有权的增加会先减弱后加强电子商务的采纳行为。

2. 家族所有权对组织特性的直接作用

组织特性包括组织人力资源方面、组织架构方面、程序流程方面等（Molla and Licker，2005）。König 对家族企业的研究指出，家族影响会降低企业的正式化程度，从而负相关影响创新采纳的积极性（König，2013）。König 认为出于 Miller 提出的 4C 理论的 Continuity（承袭），家族成员为了可以更好地承袭家族企业，确保家族企业的稳步发展而会积极参与家族企业的管理经营（Miller，2005）。家族成员的家长式管理不像经理人的现任化、管理强制制度化及正式化，因此家族影响的增加会使制度正式化减弱从而对组织特性形成负相关影响。本书鉴于中国的背景下上市公司家族企业的样本对象，提出以下假设：

子假设 H1-b：家族所有权（X1）对组织特性（ME1）存在负相关关系

3. 家族所有权和组织特性对电子商务采纳的中介作用

基于家族所有权对电子商务采纳存在正 U 关系影响作用；家族所有权对组织特性存在负相关影响作用，家族所有权和组织特性对电子商务采纳形成中介作用。本书鉴于中国的背景下上市公司家族企业的样本对象，提出以下假设：

子假设 H1-c：家族所有权（X1）和组织特性（ME1）对电子商务采纳（Y）存在中介作用。

4. 组织特性在家族所有权和电子商务采纳之间起的中介效应作用

在前面的分析中，我们做出了如下的假设：

子假设 H1-a：家族所有权（X1）对电子商务采纳（Y）存在正 U 关系，家族所有权的增加会先减弱后加强电子商务的采纳行为。

子假设 H1-b：家族所有权（X1）对组织特性（ME1）存在负相关

关系。

子假设 H1-c：家族所有权（X1）和组织特性（ME1）对电子商务采纳（Y）存在中介作用。

由上述假设可以推断出以下关系：自变量家族所有权和因变量电子商务采纳强度是正 U 相关关系，家族所有权对组织特性存在负相关关系，而家族所有权和组织特性对电子商务采纳存在中介作用，因此经过三步法的推演，提出以下主假设：

主假设 H1：组织特性（ME1）在家族所有权（X1）和电子商务采纳（Y）之间起了中介效应。

1. 家族控制权与电子商务采纳的直接作用

李婧和贺小刚揭示，企业高层管理团队中家族权威与家族上市公司创新能力之间存在显著的倒 U 形关系（李婧和贺小刚，2012）。当家族涉入的三个维度在同一模型进行验证时，家族专家权力、家族文化、管理企业的家族代数对家族企业创新能力有显著的正向影响，家族管理权对家族企业创新能力有显著的负向影响。本书鉴于中国的背景下上市公司家族企业的样本对象，提出以下假设：

子假设 H2-a：家族控制权（X2）对电子商务采纳（Y）存在倒 U 关系，家族控制权的增加会先加强后弱化电子商务的采纳行为。

2. 家族控制权对组织特性的直接作用

组织特性包括组织人力资源方面、组织架构方面、程序流程方面等（Molla and Licker，2005）。König 对家族企业的研究指出，家族影响会降低企业的正式化程度，从而负相关影响创新采纳的积极性（König，2013）。König 认为出于 Miller 提出的 4C 理论的 Continuity（承袭），家族成员为了可以更好地承袭家族企业，确保家族企业的稳步发展而会积极参与家族企业的管理经营（Miller，2005）。然而在中国的背景下，家族企业的拥有权与经营权会随着企业的不同阶段而存在变化，可以是共体也可以是分离的（党君鹏、岳云飞，2008）。由于家族企业里所有权和控制权有可能是分离的，因此两者对电子商务采纳的影响不一。家族拥有企业的所有权而出于 Continuity（承袭）会更倾向于能提升企业持续发展的创新改革；但当家族同时兼顾实际经营并行使控制权时，家族成员自身的认知、理解、水平及与高管的配合度等都是影响创新结果的参数。随着家族企业发展至一定成熟程度，企业需要引入现代化管理而保持企业的持续发展。本书鉴于中国的背景下上市公司家族企业的样本对象，提出以下假设：

子假设 H2-b：家族控制权（X2）对组织特性（ME1）存在正相关关系。

3. 家族控制权和组织特性对电子商务采纳的中介作用

基于家族控制权对电子商务采纳存在倒 U 关系影响作用；家族控制权对组织特性存在正相关影响作用，家族控制权和组织特性对电子商务采纳形成中介作用。本书鉴于中国的背景下上市公司家族企业的样本对象，提出以下假设：

子假设 H2-c：家族控制权（X2）和组织特性（ME1）对电子商务采纳（Y）存在中介作用。

4. 组织特性在家族控制权和电子商务采纳之间起的中介效应作用

在前面的分析中，我们做出了如下的假设：

子假设 H2-a：家族控制权（X2）对电子商务采纳（Y）存在倒 U 关系，家族控制权的增加会先加强后弱化电子商务的采纳行为。

子假设 H2-b：家族控制权（X2）对组织特性（ME1）存在正相关关系。

子假设 H2-c：家族控制权（X2）和组织特性（ME1）对电子商务采纳（Y）存在中介作用。

由上述假设可以推断出以下关系：自变量家族所有权和因变量电子商务采纳强度是倒 U 相关关系，家族所有权对组织特性存在正相关关系，而家族所有权和组织特性对电子商务采纳存在中介作用，因此经过三步法的推演，提出以下主假设：

主假设 H2：组织特性（ME1）在家族控制权（X2）和电子商务采纳（Y）之间起了中介效应。

本研究的家族治理由家族所有权和控制权所组成。综上所述，两个家族治理的维度各有不同的文献支持而出现不同的假设，以更全面地分析家族治理中不同的维度对电子商务采纳产生的影响，及组织特性对以下两个家族治理变量与电子商务采纳的中介效应．本论文提出本部分的总体假设如下：

主假设 H1：组织特性（ME1）在家族所有权（X1）和电子商务采纳（Y）之间起了中介效应。

主假设 H2：组织特性（ME1）在家族控制权（X2）和电子商务采纳（Y）之间起了中介效应。

家族治理与组织特性和电子商务采纳行为的中介效应模型如下图所示：

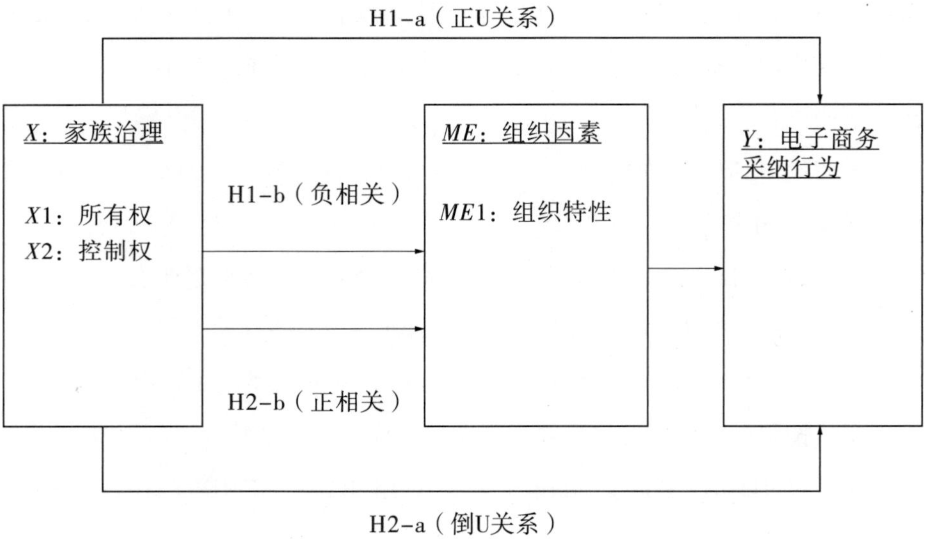

四、家族治理与组织认知和电子商务采纳的中介效应模型

考虑到这是一个中介效应模型，根据中介效应模型中的自变量→因变量、自变量→中介变量以及自变量和中介变量→因变量的步骤，建立如下假设。

1．家族所有权对电子商务采纳的直接作用

组织创新能力是确保家族企业持续竞争优势的关键，电子商务作为当今组织创新的一种细化模式，同样需要组织具备创新变革的能力。前期文献揭示，家族企业作为家族涉入企业所形成的复杂系统，其组织创新能力会显著地受到家族涉入因素的影响（Lichtenthaler and Muethel，2012；Zahra et al.，2007）。由于家族涉入程度存在差异，不同类型家族企业组织创新能力可能不同。如 Lichtenthaler 和 Muethel 发现，家族涉入对家族企业创新能力（感知创新机会的能力及重构企业创新过程的能力）有显著的正向影响（Lichtenthaler and Muethel，2012）。

子假设 H3-a：家族所有权（X1）对电子商务采纳（Y）存在正 U 关系，家族所有权的增加会先减弱后加强电子商务的采纳行为。

2. 家族所有权对组织认知的直接作用

组织认知指的是组织对电子商务的理解、认知、预期收益与风险等。组织对电子商务的理解是指组织对电子商务运作、流程、经营以及对公司其他部门所需要做出的配合及调整等等方面的理解。此处组织认知以组织的信息建设程度作为衡量，组织的信息科技更新率越高，组织内部的平均 IT 接受度及认知水平也会随之提高，对电子商务的认知有直接的帮助。家族企业正处于企业成长周期的创业初期及高速成长期，家族化管理可以被看作是家长式管理的延伸和扩展。人力资源数量会随着企业规模的扩大而增加，由于不信任外部人员，企业便从家族内部或者周围的朋友等招募新的人员加入，企业更加家族化，而企业核心人员的交流更多以家族内部进行较多，决策速度也因此快速。企业对信息科技等方面的投入与前期的一个基础程度完成后不需更多的投入，而资金此时尤为紧张，用于企业的快速扩张中。家族所有权与组织认知形成一倒 U 关系。本书鉴于中国的背景下上市公司家族企业的样本对象，提出以下假设：

子假设 H3-b：家族所有权（X1）对组织认知（ME2）存在倒 U 关系，家族所有权的增加会先增强后减弱组织认知的程度。

3. 家族所有权和组织认知对电子商务采纳的中介作用

根据 Molla 和 Licker 对发展中国家电子商务采纳的有关研究指出，组织对电子商务方面的认知包括对电子商务的理解、电子商务所带来的潜在利益与风险等（Molla and Licker，2005）。针对美国中小型企业对电子商务采纳的影响因素研究也指出，企业对电子商务所给企业带来的战略价值的预期有效地提升中小型企业对电子商务的采纳（Grandon and Pearson，2004）。基于家族所有权对电子商务采纳存在正 U 关系影响作用；家族所有权对组织认知存在倒U相关影响作用，家族所有权和组织认知对电子商务采纳形成中介作用。本书鉴于中国的背景下上市公司家族企业的样本对象，提出以下假设：

子假设H3-c：家族所有权（X1）和组织认知（ME2）对电子商务采纳（Y）存在中介作用。

4. 组织认知在家族所有权和电子商务采纳之间起的中介效应作用

在前面的分析中，我们做出了如下的假设：

子假设H3-a：家族所有权（X1）对电子商务采纳（Y）存在正U关系，家族所有权的增加会先减弱后加强电子商务的采纳行为。

子假设H3-b：家族所有权（X1）对组织认知（ME2）存在倒U关系，家族所有权的增加会先增强后减弱组织认知的程度。

子假设H3-c：家族所有权（X1）和组织认知（ME2）对电子商务采纳（Y）存在中介作用。

由上述假设可以推断出以下关系：自变量家族所有权和因变量电子商务采纳强度是正U相关关系，家族所有权对组织认知存在倒U关系，而家族所有权和组织特性对电子商务采纳存在中介作用，因此经过三步法的推演，提出以下主假设：

主假设H3：组织认知（ME2）在家族所有权（X1）和电子商务采纳（Y）之间起了中介效应。

1. 家族控制权与电子商务采纳的直接作用

李婧和贺小刚揭示，企业高层管理团队中家族权威与家族上市公司创新能力之间存在显著的倒U形关系（李婧、贺小刚，2012）。当家族涉入的三个维度在同一模型进行验证时，家族专家权力、家族文化、管理企业的家族代数对家族企业创新能力有显著的正向影响，家族管理权对家族企业创新能力有显著的负向影响（周主新，2014）。本书鉴于中国的背景下上市公司家族企业的样本对象，提出以下假设：

子假设H4-a：家族控制权（X2）对电子商务采纳（Y）存在倒U关系，家族控制权的增加会先加强后弱化电子商务的采纳行为。

2. 家族控制权对组织认知的直接作用

组织电商认知的定义包括组织对电子商务的预期、理解、展望及潜在利益及风险的预判（Molla and Licker，2005），而组织的电商认知与组织整体的信息化程度有着密不可分的关系。根据陈欣于2012年的论文《家族企业信息资源管理影响因素研究》调查结果显示："由于家族企业仍处发展阶段，企业在各个方面对于资金的需求是很大的，由于家族成员的参与管理降低了人工成本，企业一般不会大规模投资信息化建设，企业内部的信息沟通主要是家族成员间的非正式交流为主。在家族企业的成熟期阶段，此时家族企业无论是管理还是业务上都已经趋于成熟。此时期的标志便是职业经理人的引入，所有权与经营权在此时期应完成分离。当家族企业进入成熟期，家族化管理被职业化管理所取代。此时的家族企业内部信息量大，其管理日趋复杂，为了提高企业的信息传递效率，提高企业绩效，企业引入各种现代管理方法和技术。企业进入成熟期后，企业的管理制度和方法也趋于成熟，此时企业任命的信息主管若有较强的协调能力，则通过与各部门元老的充分协商，制定同时适合企业各个部门的信息政策，同时通过协商和合作的方式解决部门之间出现的信息问题。"（陈欣，2012）无论是哪种类型的信息政策，家族企业发展至成熟期且为求Continuity（承袭）而趋向去家族化及现代管理化，家族企业对信息的投入加大从而提升企业的整体电子商务认知水平。本书鉴于中国的背景下上市公司家族企业的样本对象，提出以下假设：

子假设H4-b：家族控制权（X2）对组织认知（ME2）存在正U关系，家族控制权的增加会先减弱后加强组织认购的程度。

3. 家族控制权和组织认知对电子商务采纳的中介作用

根据Molla和Licker对发展中国家电子商务采纳的有关研究指出，组织对电子商务方面的认知包括对电子商务的理解、电子商务所带来的潜在利益与风险等（Molla and Licker，2005）。针对美国中小型企业对电子商务采纳的影响因素研究也指出，企业对电子商务所给企业带来的战略价值的预期有效地提升中小型企业对电子商务的采纳（Grandon and Pearson，2004）。基于家族控制权对电子商务采纳存在倒U关系影响作用；家族控制权对组织认知存在正 U 关系影响作用，家族控制权和组织认知对电子商务采纳形成中介作用。本书鉴于中国的背景下上市公司家族企业的样本对象，提出以下假设：

子假设 H4-c：家族控制权（X2）和组织认知（ME2）对电子商务采纳（Y）存在中介作用。

4. 组织认知在家族控制权和电子商务采纳之间起的中介效应作用

在前面的分析中，我们做出了如下的假设：

子假设 H4-a：家族控制权（X2）对电子商务采纳（Y）存在倒 U 关系，家族控制权的增加会先加强后弱化电子商务的采纳行为。

子假设 H4-b：家族控制权（X2）对组织认知（ME2）存在正 U 关系，家族控制权的增加会先减弱后加强组织认购的程度。

子假设 H4-c：家族控制权（X2）和组织认知（ME2）对电子商务采纳（Y）存在中介作用。

由上述假设可以推断出以下关系：自变量家族控制权和因变量电子商务采纳强度是倒 U 相关关系，家族控制权对组织认知存在正 U 关系，而家族所有权和组织认知对电子商务采纳存在中介作用，因此经过三步法的推演，提出以下主假设：

主假设 H4：组织认知（ME2）在家族控制权（X2）和电子商务采纳（Y）之间起了中介效应。

本研究的家族治理由家族所有权和控制权所组成，综上所述，两个家族治理的维度各有不同的文献支持而出现不同的假设，以更全面的分析家族治理中不同的维度对电子商务采纳产生的影响，及组织认知对以下两个家族治理变量与电子商务采纳的中介效应。本论文提出本部分的总体假设如下：

主假设 H3：组织认知（ME2）在家族所有权（X1）和电子商务采纳（Y）之间起了中介效应。

主假设 H4：组织认知（ME2）在家族控制权（X2）和电子商务采纳（Y）之间起了中介效应。

家族治理与组织认知和电子商务采纳行为的中介效应模型如下图所示：

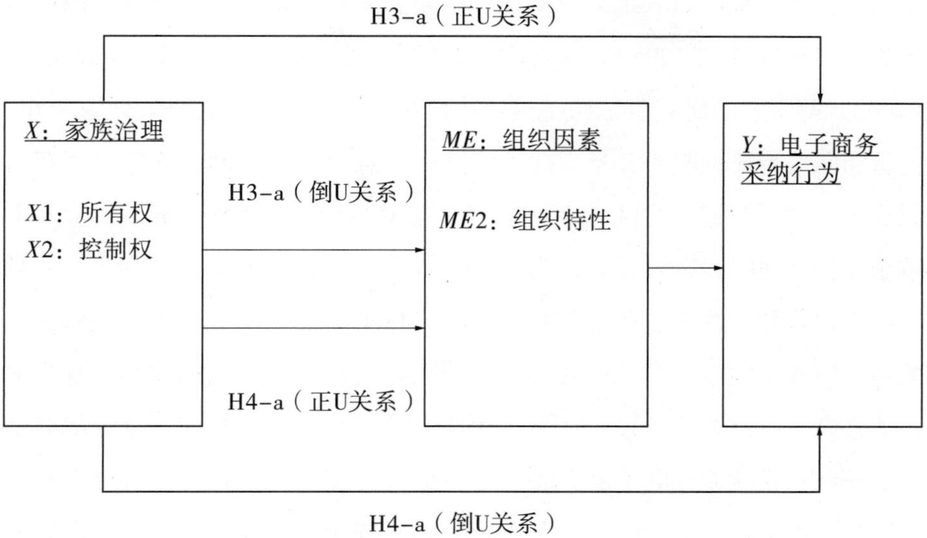

五、家族治理与高管认知和电子商务采纳的中介效应模型

考虑到这是一个中介效应模型。根据中介效应模型中的自变量→因变量、自变量→中介变量以及自变量和中介变量→因变量的步骤，建立如下假设。

1. 家族所有权对电子商务采纳的直接作用

组织创新能力是确保家族企业持续竞争优势的关键，电子商务作为当今组织创新的一种细化模式，同样需要组织具备创新变革的能力。前期文献揭示，家族企业作为家族涉入企业所形成的复杂系统，其组织创新能力会显著地受到家族涉入因素的影响（Lichtenthaler and Muethel，2012；Zahra et al.，2007）。由于家族涉入程度存在差异，不同类型家族企业组织创新能力可能不同。如 Lichtenthaler 和 Muethel 发现，家族涉入对家族企业创新能力（感知创新机会的能力及重构企业创新过程的能力）有显著的正向影响（Lichtenthaler and Muethel，2012）。

子假设 H5-a：家族所有权（X1）对电子商务采纳（Y）存在正 U 关系，家族所有权的增加会先减弱后加强电子商务的采纳行为。

2. 家族所有权对高管认知的直接作用

在对高层管理团队异质性进行测量时，国内外研究通常将其划分为四个维度：高层管理团队年龄异质性、任期异质性、教育异质性以及职业异质性。Hambrick（1996）、Knight（1999）、Carpenter（2002）、魏立群（2002）等学者的研究也证明了这四个维度的科学性与合理性。研究指出，高管团队的特征、职业背景、高管团队的注意力对企业创新战略之间存在正相关关系（赵迎，2014）。高管团队职能背景异质性和任期异质性显著影响企业创新战略；高管团队行为凝合对双元型创新有显著正面影响，并且与高管团队异质性产生交互作用（江岩，2008）。也有研究指出高层管理团队的学历异质性与上市公司的公司层面战略变革存在负相关关系，且显著性非常高（苏丹，2011）。考虑到中国背景下，电子商务也属于企业战略创新的一种；且高管对电子商务的认知在很大程度上与高管自身特征有显著关联性。本书鉴于中国的背景下上市公司家族企业的样本对象，提出以下假设：

子假设 H5-b：家族所有权（X1）对高管认知（ME3）存在负相关关系。

3. 家族所有权和高管认知对电子商务采纳的中介作用

基于家族所有权对电子商务采纳存在正 U 关系影响作用；家族所有权对高管认知存在负相关影响作用，家族所有权和高管认知对电子商务采纳形成中介作用。本书鉴于中国的背景下上市公司家族企业的样本对象，提出以下假设：

子假设 H5-c：家族所有权（X1）和高管认知（ME3）对电子商务采纳（Y）存在中介作用。

4. 高管认知在家族所有权和电子商务采纳之间起的中介效应作用

在前面的分析中，我们做出了如下的假设：

子假设 H5-a：家族所有权（X1）对电子商务采纳（Y）存在正 U 关系，家族所有权的增加会先减弱后加强电子商务的采纳行为。

子假设 H5-b：家族所有权（X1）对高管认知（ME3）存在负相关关系。

子假设 H5-c：家族所有权（X1）和高管认知（ME3）对电子商务采纳（Y）存在中介作用。

由上述假设可以推断出以下关系：自变量家族所有权和因变量电子商务采纳强度是正 U 相关关系，家族所有权对高管认知存在负相关关系，而家族所有权和高管认知对电子商务采纳存在中介作用，因此经过三步法的推演，提出以下主假设：

主假设 H5：高管认知（ME3）在家族所有权（X1）和电子商务采纳（Y）之间起了中介效应。

1. 家族控制权与电子商务采纳的直接作用

李婧和贺小刚揭示，企业高层管理团队中家族权威与家族上市公司创新能力之间存在显著的倒 U 形关系（李婧、贺小刚，2012）。当家族涉入的三个维度在同一模型进行验证时，家族专家权力、家族文化、管理企业的家族代数对家族企业创新能力有显著的正向影响，家族管理权对家族企业创新能力有显著的负向影响。本书鉴于中国的背景下上市公司家族企业的样本对象，提出以下假设：

子假设 H6-a：家族控制权（X2）对电子商务采纳（Y）存在倒 U 关系，家族控制权的增加会先加强后减弱电子商务采纳的行为。

2. 家族控制权对高管认知的直接作用

在对高层管理团队异质性进行测量时，国内外研究通常将其划分为四个维度：高层管理团队年龄异质性、任期异质性、教育异质性以及职业异质性。Hambrick（1996）、Knight（1999）、Carpenter（2002）、魏立群（2002）等学者的研究也证明了这四个维度的科学性与合理性。研究指出，高管团队的特征、职业背景、高管团队的注意力对企业创新战略之间存在正相关关系（赵迎，2014）。高管团队职能背景异质性和任期异质性显著影响企业创新战略；高管团队行为凝合对双元型创新有显著正面影响，并且与高管团队异质性产生交互作用（江岩，2008）。也有研究指出高层管理团队的学历异质性与上市公司的公司层面战略变革存在负相关关系，且显著性非常高（苏丹，2011）。考虑到中国背景下，电子商务也属于企业战略创新的一种；且高管对电子商务的认知在很大程度上与高管自身特征有显著关联性。本书鉴于中国的背景下上市公司家族企业的样本对象，提出以下假设：

子假设 H6-b：家族控制权（X2）对高管认知（ME3）存在负相关关系。

3. 家族控制权和组织认知对电子商务采纳的中介作用

基于家族控制权对电子商务采纳存在倒 U 关系影响作用；家族控制权对高管认知存在负相关关系影响作用，家族控制权和高管认知对电子商务采纳形成中介作用。本书鉴于中国的背景下上市公司家族企业的样本对象，提出以下假设：

子假设 H6-c：家族控制权（X2）和高管认知（ME3）对电子商务采纳（Y）存在中介作用。

4. 高管认知在家族控制权和电子商务采纳之间起的中介效应作用

在前面的分析中，我们做出了如下的假设：

子假设 H6-a：家族控制权（X2）对电子商务采纳（Y）存在倒 U 关系，家族控制权的增加会先加强后减弱电子商务采纳的行为。

子假设 H6-b：家族控制权（X2）对高管认知（ME3）存在负相关关系。

子假设 H6-c：家族控制权（X2）和高管认知（ME3）对电子商务采纳（Y）存在中介作用。

由上述假设可以推断出以下关系：自变量家族控制权和因变量电子商务采纳强度是倒 U 相关关系。家族控制权对高管认知存在负相关关系，而家族控制权和高管认知对电子商务采纳存在中介作用。因此经过三步法的推演，提出以下主假设：

主假设 H6：高管认知（ME3）在家族控制权（X2）和电子商务采纳（Y）之间起了中介效应。

本研究的家族治理由家族所有权和控制权所组成。综上所述，两个家族治理的维度各有不同的文献支持而出现不同的假设，以更全面的分析家族治理中不同的维度对电子商务采纳产生的影响，及高管认知对以下两个家族治理变量与电子商务采纳的中介效应。本论文提出本部分的总体假设如下：

主假设 H5：高管认知（ME3）在家族所有权（X1）和电子商务采纳

（Y）之间起了中介效应

主假设 H6：高管认知（ME3）在家族控制权（X2）和电子商务采纳（Y）之间起了中介效应

家族治理与高管认知和电子商务采纳行为的中介效应模型如下图所示：

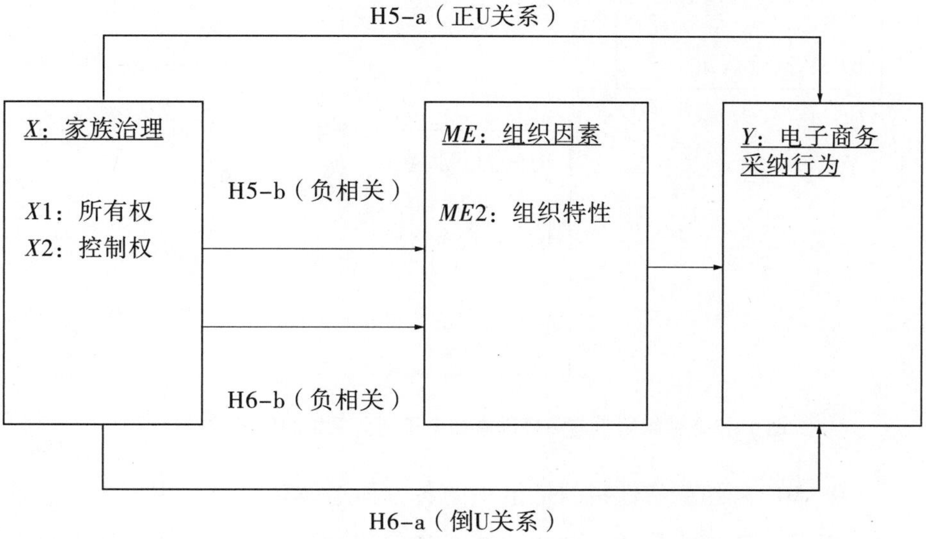

图 4-2　家族治理与组织认知和电子商务采纳行为影响机制模型

六、环境因素对组织因素与电子商务采纳的调节效应模型

通过对国外有关电子商务采纳理论的研究，并在 Molla 和 Licker 的 PERM 模型及 Grandon 和 Pearson 针对美国中小企业作出电子商采纳的模型上深化（Molla and Licker 2005；Grandon and Pearson 2004），本研究的对象是中国家族企业，笔者认为企业外部环境不会直接促使企业采纳电子商务决策，相反它起了影响内部认知及决策制定的一个调节因素。结合中国的国家背景及中国企业与企业外部的制度环境相互依存度考量，以行业竞争格局（竞争对手电子商务的采纳程度）以及企业本身过往利润业绩作为调节变量，笔者提出以下子研究模型：

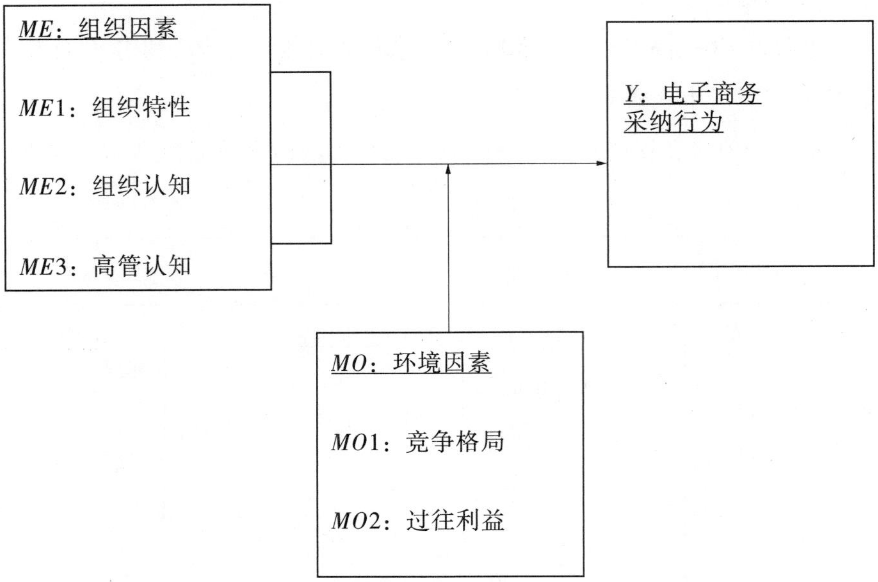

图 4－3　组织因素与环境因素和电子商务采纳的调节效应模型

（1）ME1：组织特性指的是组织的各方面个体化成分，主要由三方面组成：技术、资源、架构。技术主要是指组织的技术基础条件；资源则包括了人才储备，资金和非资金类资源；架构指的是组织的流程、架构、基础设施等。此模型组织特性针对组织架构进行研究。组织架构特性包含了组织制度正式化程度和组织僵化程度。

众多国外学术理论多认为组织特性与创新采纳存在负相关关系，即组织制度正式化或组织僵化会弱化组织的创新程度（König，2013）。组织制度正式化所产生的组织惰性会削减组织采纳改革创新的动力及执行力。综观美国的家族企业都成立时间较长，有的甚至达百年之久。从企业生长周期分析，他们已从成长期迈入缓慢成长或衰退期，因此组织惰性问题严重。“随着环境的变化及时间的推移，家族企业的灵活性会下降，自我保护意识也会逐渐增强；随着创业者日渐固化的思维而开始不思进取，企业的创新精神越来越弱。最终由于竞争力下降等原因家族企业会开始走下坡路。时间和规模并非导致家族企业衰落的主要原因，但这个情况一般较容易出现在整个企业生命周期之中（于然和周明生，2005）。中国改革开放 40 年，大部分家族企业平均成立时间远低于发展国家。据统计，我国家族企业的平均寿命是2—3年，仅为国外家族企业平均寿命的10%。根据国泰安数据库，以家族成员担任董事长或总经理一项作为家族企业筛选，最早挂牌上市的公司的成立时间是1990年，是最早挂牌上市的公司之一。因此，中国家族企业发展较国外家族企业时间较短，稳定性及成熟度也不及国外家族企业。而稳定成熟的企业所带来的负面问题则是严重的组织惰性及制度正式化，以及其所带来的创新改革抗体。相反在中国家族企业正处于发展上升期，企业已有意识提升高度制度正式化推动效率，而企业却又没步入过度成熟并被僵化的阶段，高度制度正式化相反有助家及企业在采纳及推行创新改革，出于他们对企业欲求保持持续发展甚至再创高峰。本书因此提出以下假设：

假设H7-a：外部环境对组织内部因素组织特性（ME1）和组织电子商务采纳（Y）之间的正相关关系存在调节作用。

（2）ME2：组织认知指的是组织对电子商务的理解、认知、预期收益与风险等。组织对电子商务的理解是指组织对电子商务运作、流程、经营以及对公司其他部门所需要作出的配合及调整等等方面的理解。

组织对电子商务的理解及认知，主要来自内部和外部的信息接收。内部的整体信息科技水平较高，对新信息技术的动态及相关新事物的接受度会有所提升。组织内部的IT技术水平与电子商务系统的兼容度也存在正关系，从外部获得的认知包括行业的竞争格局、竞争对手的总体IT水平（包括ERP系统、CRM系统等）及竞争对手电子商务的采纳程度也会对组织的电子商务的认知有提高效应。因此作出以下假设：

假设H7-b：外部环境对组织内部因素组织认知（ME2）和组织电子商务采纳（Y）之间的正相关关系存在调节作用。

（3）ME3：高管认知。高管管理者认知指的是管理者自身的水平能力、对电子商务的支援和投入、对电子商务的短期绩效的预期效益等。

高管认知的定义是指管理者对电子商务采纳执行的热衷度、契约、理解及认知（Molla and Licker，2005），而组织高管对创新的接受程度以及投入程度，与高管本身对创新事物的理解程度有很大关系。如电子商务采纳为例，若高管对其的普通认识都不够充分，很大难度让其投入并推动采纳。

高管对电子商务的认知理解并对其给组织带来的利益能促使组织对电子商务的采纳。因此本研究提出以下假设：

假设 H7-c：外部环境对组织内部因素高管认知（ME3）和组织电子商务采纳（Y）之间的正相关关系存在调节作用。

调节效应的假设汇总：

假设 H7-a：外部环境对组织内部因素组织特性（ME1）和组织电子商务采纳（Y）之间的正相关关系存在调节作用。

假设 H7-b：外部环境对组织内部因素组织认知（ME2）和组织电子商务采纳（Y）之间的正相关关系存在调节作用。

假设 H7-c：外部环境对组织内部因素高管认知（ME3）和组织电子商务采纳（Y）之间的正相关关系存在调节作用。

七、家族治理与组织因素和电子商务采纳的中介效应模型

综合上述模型及假设，我们总结出完整的研究模型并于后面章节中进行实证研究分析。针对中国背景下的家族企业，探究家族治理对电子商务采纳的影响机制。本研究提出的假设汇总如下：

表 4-1 研究模型假设汇总

假设	描述
H1	组织特性（ME1）在家族所有权（X1）和电子商务采纳（Y）之间起了中介效应。
H1-a	家族所有权（X1）对电子商务采纳（Y）存在正 U 关系，家族所有权的增加会先减弱后加强电子商务的采纳行为。
H1-b	家族所有权（X1）对组织特性（ME1）存在负相关关系。
H1-c	组织特性（ME1）在所有权（X1）与电子商务采纳（Y）当中起了中介效应家族所有权（X1）和组织特性（ME1）对电子商务采纳（Y）存在中介作用。
H2	组织特性（ME1）在家族控制权（X2）和电子商务采纳（Y）之间起了中介效应。

续上表

假设	描述
H2-a	家族控制权（X2）对电子商务采纳（Y）存在倒 U 关系，家族控制权的增加会先加强后弱化电子商务的采纳行为。
H2-b	家族控制权（X2）对组织特性（ME1）存在正相关关系。
H2-c	家族控制权（X2）和组织特性（ME1）对电子商务采纳（Y）存在中介作用。
H3	组织认知（ME2）在家族所有权（X1）和电子商务采纳（Y）之间起了中介效应。
H3-a	家族所有权（X1）对电子商务采纳（Y）存在正 U 关系，家族所有权的增加会先减弱后加强电子商务的采纳行为。
H3-b	家族所有权（X1）对组织认知（ME2）存在倒 U 关系，家族所有权的增加会先增强后减弱组织认知的程度。
H3-c	家族所有权（X1）和组织认知（ME2）对电子商务采纳（Y）存在中介作用。
H4	组织认知（ME2）在家族控制权（X2）和电子商务采纳（Y）之间起了中介效应。
H4-a	家族控制权（X2）对电子商务采纳（Y）存在倒 U 关系，家族控制权的增加会先加强后弱化电子商务的采纳行为。
H4-b	家族控制权（X2）对组织认知（ME2）存在正 U 关系，家族控制权的增加会先减弱后加强组织认购的程度。
H4-c	家族控制权（X2）和组织认知（ME2）对电子商务采纳（Y）存在中介作用。
H5	高管认知（ME3）在家族所有权（X1）和电子商务采纳（Y）之间起了中介效应。
H5-a	家族所有权（X1）对电子商务采纳（Y）存在正 U 关系，家族所有权的增加会先减弱后加强电子商务的采纳行为。
H5-b	家族所有权（X1）对高管认知（ME3）存在负相关关系。
H5-c	家族所有权（X1）和高管认知（ME3）对电子商务采纳（Y）存在中介作用。
H6	高管认知（ME3）在家族控制权（X2）和电子商务采纳（Y）之间起了中介效应。

续上表

假设	描述
H6-a	家族控制权（X2）对电子商务采纳（Y）存在倒U关系，家族控制权的增加会先加强后减弱电子商务采纳的行为。
H6-b	家族控制权（X2）对高管认知（ME3）存在负相关关系。
H6-c	家族控制权（X2）和高管认知（ME3）对电子商务采纳（Y）存在中介作用。
H7-a	外部环境对组织内部因素组织特性（ME1）和组织电子商务采纳（Y）之间的正相关关系存在调节作用。
H7-b	外部环境对组织内部因素组织认知（ME2）和组织电子商务采纳（Y）之间的正相关关系存在调节作用。
H7-c	外部环境对组织内部因素高管认知（ME3）和组织电子商务采纳（Y）之间的正相关关系存在调节作用。

本研究的核心逻辑模型如下：

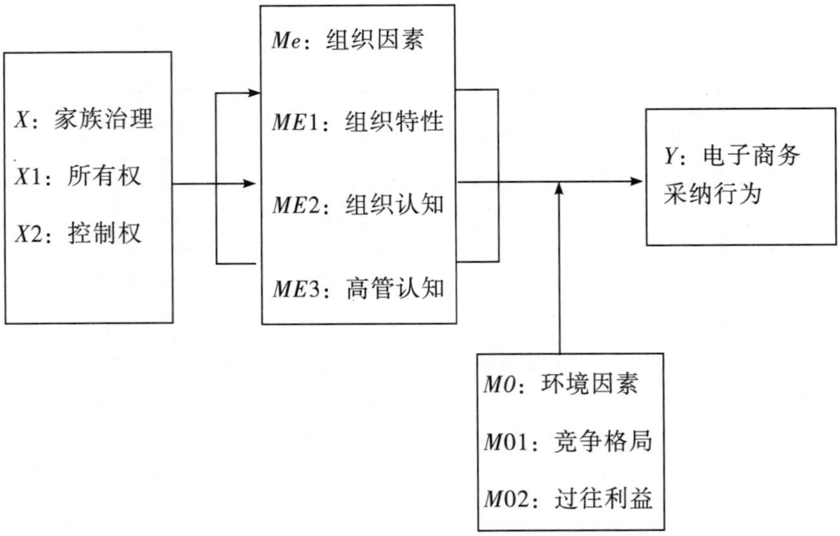

图4－4　家族治理与组织因素和电子商务采纳行为影响机制模型

八、小结

本章是家族治理对电子商务采纳的模型构建。此模型由两部分组成，家族治理对电子商务采纳的影响机制模型及外部环境对组织内部因素及电子商务采纳之间的调节效应的模型。建立在过往电子商务采纳行为采纳的研究上，我们对 Molla 和 Licker（2005）的预期电商适用理论（perceived e-readiness model，PERM）、预期组织内部电商适用理论（perceived organizational e-readiness，POER）及预期环境外部电商适用理论（perceived environmental e-readiness，PEER）作出修订及深化。首先通过主研究，我们对 POER model 进行深化，挖掘出家族治理通过对组织因素包括组织特性、组织认知及高管认知等内部因素，继而对电子商务采纳产生影响的机制模型。继而通过调节效应的子研究，我们对组织外部和组织内部因素间的相互关系进行深化研究，解剖组织外部因素（4）环境制度如何对组织内部因素（1）组织特性、（2）组织认知、（3）高管认知起调节作用。由于组织并非单从自身角度出发考虑是否采纳电子商务采纳行为，当中外部环境因素对组织内部因素又起到了一个调节影响，我们综合考虑其调整作用后，重点归纳上述家族治理因素对企业进行电子商务采纳行为的影响机制。

第五章　研究设计

本章在前文模型的基础上，以上市公司的经验资料来验证我国家族上市公司的电子商务采纳影响机制。家族治理如何影响组织内部环境及最终影响电子商务采纳与否的决定？外部环境在过程中又是作了什么作用？若家族企业已决定电子商务的必然采纳，那又该从何方面注意并及时作出调整？

一、研究模型的测量标准

电子商务采纳行为的测量标准

首先明确电子商务的定义，归纳出企业对电子商务采纳的行为，继而梳理电子商务采纳行为的测量标准。

电子商务的定义有众多，大致归类为以下几种定义：

电子商务是指发生在互联网上的交易活动，包含企业与企业之间（B2B）、企业与消费者之间（B2C）的多种模式。它共有三个部分：企业内部网，企业外部网，网际网络（OECD，1998）。电子商务包括所有通过万维网或互联网（包括 WWW 及 Internet）的服务及产品的买卖或交换过程（Turban，1999）。通过网络先进的信息技术而对企业业务流程及运作模式实行了采纳——于网络上进行买卖交易是一种常见的模式之一（Shurety，1999）。电子商务是指与商务行为相关的一切使用数字化资料（binary data）传输的交易形式，当中包括图文信息，音频及视频等信息进行加工并于组织及个人间进行传输（OECD，1997）。另一种对电子商务的定义则强调企业内部网与外部网的结合应用，指出买卖双方于互联网进行的相关商务活动是为了解决 3C 问题：Content（信息内容管理）、Collaboration（互协合作）、Commerce（商务交易）（IBM，2000）。也有学者认为电子商务是电子应用系统和组织结构、业务流程的结合，而这种结合本质上是为了更高效的商业模式而诞生的（Kalakota and Robinson，2001）。也有学者简单归纳电子商务为使用开放式网络（以 Internet 为主导）来执行企业的相关业务流程，使原来手工完成的业务能更高效地完成（Weill，2001）。

还有一些定义更多侧重于电子商务多类型应用模式及种类。"电子商务是由计算机、通信网络及程序化、标准化的商务流程和一系列安全、认证法律体系组成的集合；是一种以互联网为基础、以交易双方为主体、以银行电子支付和结算为手段、以客户资料为依托的全新商务模式根据交易主体和物流的不同，电子商务可分为九种模式，其中 B2C（企业对消费者）、B2B（企业对企业）、G2B（政府对企业）三种模式发展迅速"（王厚芹，2002）。Lawrence 等将其定义为通过网络进行买卖的信息、产品或服务（Lawrence et al.，1998）。Zwass 更广泛地把电子商务定义为两个或多个单位于互联网进行的多元活动，其中包括信息、资料或有价值根据的交换—横跨企业间（B2B），消费者间（B2B，B2C，C2C）及政府间（G2B，G2C）（Zwass，1996）。近年有更多模式迅速发展起来，如 C2B（消费者对企业）、O2O（在线对线下）、B2T（企业对团体采购）等等。Kofi Annan 提出："电子商务是资料资料和通信技术有效结合对经济效益作出贡献的其中一个显著例子……尽管不懈努力开拓并尝试，我们远不知资料通信技术效益的边界。"Elizabeth 直截了当地定义电子商务为"通过互联网及 WWW 进行电子资料传输来实现产品或服务的买卖流程"（Grandon and Pearson，2004）。根据国家统计局第三次全国经济普查统计对电子商务服务给出的最新内容及定义：

电子商务服务包括：

（1）电子商务平台服务：资料处理和存储服务，指在互联网提供电子商务平台活动，包括 B2B 电子商务服务、B2C 电子商务服务、协力厂商电子商务平台服务等。

（2）电子商务支付服务：非金融机构支付服务，指网络支付活动。

（3）电子商务信用服务：指对电子商务领域信用信息的采集、整理、加工，并提供相关产品和信用服务等活动。（第三次全国经济普查主要资料公报，2014）

对电子商务的概念有不同定义，研究者又有不同的理解和不同的侧重点，还有研究者指出电子商务基本上可以被定义分为两大类：狭义的和广义的电子商务。"狭义的电子商务（e-commerce）是指利用信息技术来进行买卖交易或贸易活动的电子商务手段。这一理解最早形成于电子商务发展初期、互联网兴起的萌芽阶段，市场上大部分人还在摸索新的业务形式上，一切都存在无限可能性。在这个阶段更多的研究探讨在技术实现层面上。广义的电子商务（e-business）则指超越了仅仅技术层面的定义。随着对互联网应用的不断深入和对电子商务的不断探索，研究者发现除表层技术层面外，还有不少其他企业方面的因素须关注，例如企业自身、企业管理及所在行业等。"（曾庆丰，2005）因而出现了现在的广义的（e-business）。比较典型的电子商务广义定义是：基于互联网及信息技术进行的商务活动，包括有形产品、无形服务、信息产品的交易以及企业间的协作等。著名电子商务学者 Ravi Kalakota（2001）在其著作《电子商务 2.0：成功之路》中提出以下电子商务的定义：由企业的业务流程，应用系统和组织结构三方面组合的融合体，从而形成高效的企业经营模式。这种理解涉及了信息技术在企业中所有可能的应用，并且这种应用会改变整个企业战略、组织结构、业务流程，企业文化等所有相关的传统组织行为方式。

组织对上述行为的采纳并于内部实现分配资源，包括人力及物资资源，成立部门及设计相关流程程序并加以固化，我们称之为组织的电子商务采纳。电子商务采纳会有费用投入及交易金额产出。Napier 等指出通过实行电子商务卖家可以渗透至不同层面不同区域的市场；买家则可以通过与全球市场的连接而获得更多的产品选择及更低的价格（Napier et al.，2001）。电子商务带来的好处还有产品质量的提升及原有产品更创新的销售模式及渠道（Chaudhury，2002）不单大企业能从电子商务获得利益，中小型企业也因为电子商务而有机会与大企业在同一赛场上竞赛，这是原来传统商务不可能实现的。电子商务提供了超越地域与时间的局限及无障碍便捷的沟通方式（S. Chong，2000）。电子商务采纳因此给企业带来无限空间和可能，同时也附带上新的挑战。

电子商务采纳行为有多样的测量方法，包括电子商务的采纳程度、时间长度、绩效业绩等多个维度。由于本书研究的是家族企业有否采纳电子商务这一特定行为，因此根据 Zwass 对电子商务的定义："两个或多个单位于互联网进行的多元活动，其中包括信息、资料或有价值根据的交换。"由访谈十名分别来自三家证券公司研究部的行业研究员，根据他们长期跟踪所研究行业而评定样本上市公司是否采纳上述定义的电子商务行为。为提高有效度及客观度，同一份问卷由两组不同的研究员，分别来自三家不同的证券公司去收集一线信息完成问卷。最后，选取家族上市公司是否采纳电子商务行为的"0/1"绝对值作为电子商务采纳因变量的变量值。

家族治理的测量标准

本章主要分析民营家族上市公司受家族影响的程度。首先于上市公司中识别出家族企业，继而识别家族企业中影响企业的家族治理。在中西方，家族企业占了民营企业一个很大的比重。民营上市家族企业需符合以下家族企业的定义方为家族企业。

西方企业较东方企业发展的时间维度要长，高达80%在世界上的企业都直接或间接受家族所控制。在美国，目前占90%的企业是家族企业，上市公司中有40%是受家族所控制。中国的企业发展历史较西方短，可在民营企业中家族控制的占大多数比例。由于可见，家族企业不管在国内国外均有着举足轻重的地位，其影响力也非常大（黄锐，2009）。学术界对家族企业的界定标准包括以下几种：控制权比例、占董事长投票权的比例、家族成员占企业实际经营及管理的程度与比例、制定及影响企业战略层面决策的程度及权限等（Hander，1989）。有家族理论学者提出五个界定家族企业的维度，包括：家族于企业的参与度或认知（family involvement or participation/perceived）、家族对企业的拥有程度，即所有权比例（family ownership）、企业所有权的代际传承（inter-generational ownership transition）、多种条件限制同时生效（multiple condition）（此标准指多种条件如所有权比例、参与度或认知、代际传承等多个限制条件）。也有学者对家族界定进行深化，提出三个层次的定义：第一层界定标准较为广义。家族成员参与企业经营及管理，并不强调绝对控制权的拥有；家族成员对企业策略制定有一定影响，符合这两个条件均可被界定为家族企业。第二个层面的定义是企业创始人或其后代必须在企业担任重要职务，此定义介乎广义与狭义之间。第三个层面的定义是企业创始人必须同时出任董事长一职，以及至少一名家族成员于企业高层管理层任职。这是一个较狭义的家族企业的界定标准，但一般企业发展初期皆能符合这一标准（Astrachan and Shanker，2003）。

在家族企业的研究历史中，最早并最具影响力要数哈佛大学的 Robert G. Donnely（1964）。他给出以下家族企业定义，如果一个企业满足下以下至少一个条件便可界定为家族企业：企业的经营管理权的继承由家族关系来决定；董事局至少一个席位由现任或前任董事长或总经理的配偶或子女出任；家族与公司的整体价值融合为一体；尽管家族成员不直接参与公司的实际管理，但其行为却对公司的信誉构成影响；家族成员在不具备合法合理、合乎财务的理由下，认定其对企业股票的持有具有合法性；家族成员在家族中的地位直接与其在企业的职务及权力相关；家族成员的个人事业由他与公司的关系而决定。由于 Donnely 的这七个条件中包含了代际传承的内容成分，因此在很大程度上缩小了家族企业的适用范围。

Lansberg、Perrow 和 Rogolsky（1988）认为家族成员掌握企业的所有权并合法化地对企业实行控制的企业均符合家族企业的定义（Lansberg，Perrow and Rogolsky，1988）。在这较宽松的定义下，只要企业的所有权归属在家族成员名下的企业均可称为家族企业（Lansberg，Perrow and Rogolsky，1998）。美国家族企业著名研究专家、三环模型的提出者盖尔西克（1998）提出以下家族企业的定义：家族企业的评判标准在于其所有权是否为创始家族的家庭成员所持有，所有权比例是界定家族企业的考量指标。以上定义与 Lansberg 的定义类似。管理学家钱德勒是知名研究家族企业的学者，提出了以下家族企业的定义：企业创始人及共同参与企业经营的家族成员持有大部分或控股股份，真正参与企业实际经营及并企业财务管理有决策权、人事聘用有选拔及否决权、与企业高级管理层保持紧密的联系等。来自台湾的家族企业研究学者黄光国（1990）提出企业所有权归一个家族的家族成员直接拥有，企业的核心由一个或多个有血缘关系的家族成员所构成；所有权归家族直接拥有但经营权与所有权并非一定需要共同体，经营权可以由家族以外成员拥有。

国内著名家族企业研究专家储小平（2004）称，家族企业是两大规则及系统的结合体（家族及企业规则系统），并且家族资产占企业的控股地位。进一步延伸，家族企业可以多种制度存在，如单一业主制、纯家（庭）族制、泛家族制（企业管理层除家族成员外，还包括其社交圈子如同学、同乡、同事、朋友、战友等按照地缘、学缘、业缘关系产生关联的相熟人群）。在公司所有权和经营权中保持临界控制权的上市家族公司等几种形态。从这个形态划分来看，这里的家族企业定义包含了社会关系网络的界定维度（储小平，2004）。

鲁亚曦（2001）首先对家族定义提出感情系数，认为家族企业是一个由具有血缘关系的家族成员为企业核心、以家族的整体利益为经营目标、以家族感情的维护为原则、以持有企业实际控制权为手段、以企业为组织形式存在的经济体（鲁亚曦，2001）。研究家族理论的学者众多，当中不乏以文化视角出发。香港学者雷丁对家族企业的定义为，华人家族企业“本质上是一种文化产物”，华人家族企业中大多呈现家长式的领导风格，带有仁慈的独裁色彩。雷丁先生给出家族企业的定义是从中国“家”文化出发的。

中国与西方对家族企业的定义存在很多共同之处，但也有不少差异，尤为显著的是西方研究者会把代际传承作为一个维度去考虑企业是否为家族企业。那是因为历史背景原因，西方的家族企业成立及经营时间较长。有的已经超过三代传承或有逾百年历史。如果按此标准来衡量，则中国属于家族企业范围的企业就会大大减少，且研究的普遍性及实践意义也会大打折扣。另一差异之处在于，中国研究者对家族企业的定义注入了不少文化的因素，例如地缘、血缘等传统文化特征均被一些专家纳入家族企业定义中。当中也不乏研究学者从文化角度定义家族企业，如雷丁先生。尽管中西方定义差异诸多，但当中也有不少共通之处，如中西方较多强调家族是否拥有企业所有权或经营权来判断该企业是否属于家族企业。无论国内国外，影响家族企业界定的重要因素都立足于家族是否掌握经营权和所有权的拥有，中西方家族企业研究学者对经营权和所有权的关注都表现一致，并认为其是一重要指标。但对于所有权的拥有方面，学者对家族的临界控股比例更为关注并存在争议（黄锐，2009）。

总结诸多家族研究学者的观点，本书归纳出两大因素来定义中国情况下的家族企业的界定。一是把代际传承放在考虑范围之外，原因是中国家族企业发展历程较国外短，第一次代际传承大多都还没有完成，因此若把代际传承这一考量维度放在范围内反而对研究的普遍性及实证意义产生影响。二是中国绝大多数的民营企业企业家族都掌握着企业的经营权和所有权。本书建议中国家族企业可以在所有权和经营权上进行更多的界定而不会影响研究效果，同时研究时样本选择上也不易出错。最后，本研究对中国家族企业作出的定义是，家族直接控股或间接控股地拥有企业所有权及经营权，且家族成员出任企业管理层的最高领导人（总裁/总经理）均属于家族企业。

有关家族企业受哪种因素而影响？Miller 有关家族理论提出家族企业受哪种影响取决于行政人员受家族的影响程度而定，又分实际人—家族嵌入及企业—家族嵌入两个层面。前者指的是决策人受家族影响的程度，后者指的是企业整体受家族的影响程度。实际人—家族嵌入更好地通过实际控制人是否担任董事长或总经理一职或实际控制权比例；实际控制人来体现。企业—家族嵌入更好通过的家族成员任董事会人数或家族成员任高管人数来体现。两种嵌入方法均显示一个企业不同方式表现的受家族影响程度（Miller and Le Breton-Miller，2005）。本研究考虑改革创新等企业策略制定而组织的最高顶层的认知并推行，与实际控制人有密不可分的关联。为更充分测量家族影响，本研究以两个指标来衡量：实际控制权比例及所有权比例。实际控制权是实际控制人拥有上市公司控制权比例，而所有权比例是实际控制人拥有上市公司所有权比例。

二、数据来源与样本选择

大部分研究家族企业的文献对家族企业的甄别标准以符合以下其中一条：(1) 最终控制人是人、个人、家族或家族联合、家族基金；(2) 家族成员担任关键、重大管理岗位（李娜、王宣喻，2014）。本研究的样本选择以上市家族企业为筛选标准：我们所认定的家族企业是企业所有权或控制权归家族所有，以及至少有两名或以上的家族成员在实际参与经营管理的企业。“所有权”强调，企业实际控制权属于某个以血缘、姻亲关系为联结的家族所有；“家族”则强调，对于仅一人控股或无亲属关系的几人（无论是否为一致行动人）共同控股的、且无控股股东的亲属持股或任职的情况，也不将该企业视为属某个家族所有。

本研究主要资料来源为国泰安数据库（CSMAR），具体包括中国上市公司财务报表数据库、中国上市公司财务指标分析数据库、中国上市公司股东研究数据库、中国上市公司治理结构研究数据库以及中国民营上市公司数据库，《中国市场化指数——各地区市场化相对进程 2009 年报告》等。另外，本研究除了遵循资料的全面性和可得性外，还按照下述原则对样本进行进一步的筛选工作：

(1) 由于金融行业企业的行业性质、主营业务等与一般企业不同，因此将金融行业的上市公司予以剔除；

(2) 为确保资料信息的完整性，将上市日期为 2005 年以后且存在资料缺失的上市公司予以剔除；

(3) 由于本书主要研究我国家族企业的情况，因此将企业实际控制人不是自然人或家族的上市公司予以剔除。

最终获得 293 家上市公司，共 1172 个面板资料。

研究的时间范围：近些年来国内外企业经营环境发生剧烈变化，特别是以电子商务为代表的新经济对传统经济造成了巨大的冲击，国内外企业纷纷寻求采纳。新经济在国民经济中的整体比重不断提高。在中国，消费领域中以电子商务为代表的新兴消费力量占据了越来越大的比重，促使企业不断寻求突破。但由于本书的撰写时间是2014的下半年直到2015年上半年，很多上市公司2014年的信息披露尚不完整，因此最终选取最近4年时间，即提取样本上市公司从2010—2013年的资料作为面板资料。

通过国泰安数据库收集到的293家家族企业资料，本书进行了深化处理及提炼。由于证监会并未要求上市公司披露有关电子商务的有关细节，电子商务的大资料难以完整收集。本书通过访谈的问卷调查方法，向10名分别从业8年以上证券公司行业研究员进行访谈而得出样本293家家族企业的电子商务采纳情况，从而得出64家家族上市是有采纳电子商务行为。具体电子商务采纳原始资料如下：

表5－1　样本上市公司涉电情况汇总

项目	数值
样本公司数量	293
样本行业数量	50
涉电行业数量	24
涉电行业中公司总数量	206
涉电行业中采纳电子商务的公司数量	64
总体行业涉电比例	48%
涉电行业中采纳电子商务公司比例	31.1%
总公司样本中采纳电子商务公司比例	21.9%

涉电行业主要分布在传统制造业、零售业、批发业、服务业，其中涉电比例较高的行业属酒业（85.7%）、服装（66.7%）、木业（66.7%）、零售业（62.5%）。医疗制造业涉电比例只有37.5%，但其行业公司总数（32家）及涉电公司数量是众行业中最多的（12家）。有10个行业的涉电比例达100%，但都由于其行业公司数量并不多，只有1至2家。

表 5－2　样本上市公司涉电行业分布比例表

序号	涉电行业名称	公司总数量	涉电公司量	涉电比例
1	电信、广播电视和卫星传输服务	1	1	1.000
2	皮革、毛皮、羽毛及其制品和制鞋业	1	1	1.000
3	其他制造业	1	1	1.000
4	商务服务业	1	1	1.000
5	住宿业	1	1	1.000
6	资本市场服务	1	1	1.000
7	家具制造业	2	2	1.000
8	食品制造业	2	1	0.500
9	渔业	2	2	1.000
10	木材加工及木、竹、藤、棕、草制品业	3	2	0.667
11	农业	3	1	0.333
12	金属制品业	4	1	0.250
13	通用设备制造业	4	1	0.250
14	汽车制造业	5	1	0.200
15	纺织服装、服饰业	6	4	0.667
16	农副食品加工业	6	3	0.500
17	酒、饮料和精制茶制造业	7	6	0.857
18	专用设备制造业	7	2	0.286
19	批发业	12	2	0.167
20	零售业	16	10	0.625
21	计算机、通信和其他电子设备制造业	20	5	0.250
22	电气机械及器材制造业	20	2	0.100
23	医药制造业	32	12	0.375
24	房地产业	49	1	0.020

三、研究变量的选择

本章的变量包括五部分：

自变量——家族治理

本章主要分析民营上市家族企业的家族治理如何影响电子商务采纳。家族治理可以从家族所有、家族控制、家族管理其中一个或同时多个维度去分析。有的学者从家族所有和管理角度进行分析（Anderson，2003；Barth，2005）；有的则是从家族控制和管理角度出发（Barontini，2005）；也有学者从单一视角家族控制进行深化分析（苏启林，2003；谢玲芳、吴冲锋，2005）。陈然方则从家族管理角度研究了家族治理对企业价值的影响（陈然方，2006），而同时涉及三个维度进行家族治理的研究也不乏存在（王明琳等，2010）。本书分别以控制权比例和所有权比例对家族治理进行研究。设定 X1 为控制权比例，实际控制权是实际控制人拥有上市公司控制权比例，参考前研究家族控制权学者以董事会投票权比例为变量指标（李娜、王宣喻，2014）。设定 X2 为所有权比例，所有权比例是实际控制人拥有上市公司所有权比例，参考前研究家族控制权学者以前三大股东持股比例为变量指标（王明琳等，2010）。控制权比例和所有权比例均从国泰安数据库提取上市公司原始数位为指标。

因变量——电子商务采纳

本书因变量的采纳是本研究在电子商务领域的一个实证验证的突破。原有研究大多以案例研究方式，难以大样本资料统计验证模型的普遍性及适用性。本书因变量通过对 10 名研究员进行问卷访谈而获得样本 293 家上市公司是否在过去 4 年进行电子商务采纳行为，没有采纳为“0”，采纳为“1”。一手数据收集后进行统计及处理，详细归纳可参考本书表 4－1 及表 4－2。

中介变量——组织内部因素

ME1：组织特性指的是组织的各方面个体化成分，可以由三方面组成：

技术、资源、架构。技术主要是指组织的技术基础条件；资源则包括了人才储备、资金和非资金类资源；架构指的是组织的流程、架构、基础设施等。组织架构的规模、层级数量、制度正式化程度等体现组织的个体特性（Molla and Licker，2005）。制度正式化代表了企业内部的规章和制度，反映了企业内部的治理系统，处于制度系统的表层；反映企业内在的制度正式化程度很重要的方面是企业的规模。员工的数量及比例曾被研究学者使用作为组织构成的组织特征指标（张晓冬，2007）。一般来说，企业的规模越大，企业的制度正式化程度越强，企业的运作也越规范。通常来说，企业的规模越大，企业的员工人数也越多，此处组织特性以制度正式化作为衡量，从国泰安数据库提取上市公司总员工数原始数字为指标。

ME2：组织认知指的是组织对电子商务的理解、认知、预期收益与风险等。组织对电子商务的理解是指组织对电子商务运作、流程、经营以及对公司其他部门所需要作出的配合及调整等方面的理解（Molla and Licker，2005）。组织对电子商务的理解与组织内部的电子信息化程度有很大关联。内部的电子信息化系统越先进（IT 系统包括 ERP 系统、CRM 及 OA 系统等），组织的 IT 技术水平与电子商务系统的匹配度就越高。组织在电子信息化的氛围下对电子商务的认知也会相对提高。此处组织认知以组织的信息建设程度作为衡量，从国泰安数据库提取上市公司信息软件增长值原始数位为指标。

ME3：高管认知指的是管理者自身的水平能力、对电子商务的支援和投入、对电子商务的短期绩效的预期效益等。过去不少研究高管特征的文献从多个视角进行分析，包括高管平均年龄、平均任期等（秦广辉，2012）。在对高层管理团队异质性进行测量时，国内外研究通常将其划分为四个维度：高层管理团队年龄异质性、任期异质性、教育异质性以及职业异质性。Hambrick（1996）、Knight（1999）、Carpenter（2002）、魏立群（2002）、古家军（2008）等学者的研究也证明了这四个维度的科学性与合理性。考虑高管对电子信息化的使用率、熟悉度、认知度对电子商务采纳及执行有很大相关性。基础认知和理解难以把创新采纳持久并积极的执行。年轻化人群较高龄人群更能接受新鲜事物，本书的高管认知以组织内高管人员的平均年龄作为衡量，从国泰安数据库提取上市公司高管年龄原始数位并加以处理，求得平均年龄原始数字为指标。

调节变量——组织外部因素

MO1：竞争格局

根据制度基础观理论，组织外部的环境会潜移默化地影响组织内部的决策环境。组织外部环境包括政府政策，竞争环境（李娜、王宣喻，2014）。在中国，电子商务有关的政府政策约束并未广泛施行，反之行业的竞争格局对企业起了很大的外部影响作用。竞争格局指的是指同行业内电子商务领域的竞争情况，即竞争对手对电子商务的采纳程度，是显示行业针对性电子商务的竞争格局的反映。由于竞争对手的采纳会优先占有市场，迫使行业内其他企业相继因丢失市场的风险而采纳电子商务行为。本书的行业竞争度以行业中涉电公司数量比例作为衡量，以本研究采集的资料加以处理而提出的行业涉电程度原始数位为指标。

MO2：过往业绩

过往利润业绩是指企业过去的利润盈余。由于过往利润业绩是历史的沉淀，无法像组织内部因素是动态的且可以能动性地调行调整。但过往利润可以提升组织进行电子商务采纳时的抗风险程度。此处过往利润业绩以组织过去四年纯利润作为衡量，从国泰安数据库提取上市公司信息软件增长值原始数位为指标。

控制变量

由于企业所在的行业性质和企业所在的市场化程度有差异，每家企业的资产规划有距离等因素，因此本研究把行业性质、市场化程度及资产负债率作为控制变量。从国泰安数据库中的中国民营上市公司数据库和中国上市公司首次公开发行研究数据库可以分别找到这些指标。本研究使用了以下控制变量：年份、区域（市场化程度）、安全边际（资产负债率）、三大行业属性

表 5-3　变量明细汇总表

变量种类	变量名称	模型符号	变量定义
自变量	家族所有权	Own	所有权比例是实际控制人拥有上市公司所有权比例
自变量	家族控制权	Control	实际控制权是实际控制人拥有上市公司控制权比例
中介变量	组织特性	Zztx1	组织正式化程度：员工人数
中介变量	组织认知	Zztx2	组织对电子商务的认知程度：软件增加值
中介变量	高管认知	Zztx3	高管对电子商务的认知程度：高管平均年龄
调节变量	竞争格局	Hysdi	行业竞争对手采纳电子商务的程度
调节变量	过往业绩	Net income	组织的过往利润
控制变量	3 大行业	Ind	属于该行业的企业取值为 1，不属于该行业的企业取值为 0
控制变量	年份	Yr	属于该年份的取值为 1，否则为 0
控制变量	区域	Mar	市场化指数
控制变量	安全边际	Debt	资产负债率
因变量	电子商务采纳	Ec	组织是否有电子商务采纳行为；0/1 值采纳为 1，否为 0

四、研究策略

通过家族治理对电子商务采纳的中介效应的相关性验证，以及环境因素对组织因素和电子商务采纳间的调节效应的相关性验证，得出基于组织因素的中介效应的家族治理与电子商务采纳行为的影响机制。

研究顺序

1. 家族治理与组织因素和电子商务采纳的中介效应模型

首先，我们找出对电子商务采纳有显著影响的主要因素，通过建立在过往电子商务采纳行为的研究基础上，对 Molla 和 Licker（2005）的预期电商适用理论（perceived e-readiness model，PERM）、预期组织内部电商适用理论（perceived organizational e-readiness model，POER model）及预期环境外部电商适用理论（perceived environmental e-readiness model，PEER model）作出修改及深化。较 Molla 和 Licker 更早提出针对美国中小型企业采纳电子商务行为的采纳模型也支持了以上观点，对电商战略价值的预期、企业预备度、外部压力、技术易用性及技术实用性是促进电子商务采纳的主要因素（Grandon and Pearson，2004）。上述对电商战略价值的预期正是包含了 ME2 组织认知的含义；企业预备度包含了 ME1 组织特性及 ME3 高管认知。本书把研究模型放在中国的背景下，进行大资料的验证，检验其于中国的适用性。主模型是验证家族治理通过组织内部因素对电子商务采纳的影响机制的中介效应。

2. 环境因素对组织因素与电子商务采纳的调节效应模型

组织内部环境因素（POER）决定组织对电子商务的采纳行为，但此决策是受到一定程度的外部环境因素（PEER）所影响。外部环境因素（PEER）是指组织所在的行业环境、政府政策背景、竞争格局及上下游关系等。我们认为外部环境因素（PEER）是对组织是否决定进行电子商务行为起了一个调节作用，而非直接的因果关系。原因是外部环境因素（PEER）提供了一个条件促使组织意识到改革的需要，可是否能采纳改革是取决于组织自身，即组织内部因素（POER）是否符合。因此本书以制度基础观理论来分析外部环境因素（PEER）如何调节组织内部因素（POER）对电子商务采纳行为的影响，也是本书对此领域研究的创新之一（Molla and Licker，2005）。考虑到外部环境如竞争对手对电子商务的采纳、企业过往的利润业绩是否支持企业进行创新采信，我们对组织外部和组织内部因素间的相互关系进行深化研究，解剖组织环境外部因素（MO1）竞争格局、（MO2）过往业绩如何对组织内部因素（1）组织特性、（2）组织认知、（3）管理者认知起到的调节作用。因此进行细分的进一步验证及分析，找出除主效应外，调节变量对上述中介模型起到的调节作用。

检验方法

本研究的理论模型是一个中介效应模型。中介效应（mediation effect）

指的是自变量 X 对因变量 Y 不直接产生影响，而是通过一个或多个中间变量而间接地起了影响效应。考虑自变量 X 对因变量 Y 的影响，如果 X 通过影响变量 M 而对 Y 产生影响则能称 M 为中介变量（mediator）。中介效应可分为完全中介及部分中介效应，一般出现在有一个以上的多个中介变量的模型里。而当模型里只有一个中介变量时，中介效应所产生的效应就是中间接效应。

在模型里一般会存在多个变量，包括自变量、因变量、中介变量还有调节变量。调节变量（moderator）会对变量间的关系起到调节作用，模型的检验也因此而变得更为复杂。

本研究的家族治理与电子商务采纳行为的影响机制模型内含三个中介变量及二个调节变量，是一个中介效应模型。采用三步法检验对模型进行实证检验：

以最简单的三变量为例，介绍中介效应模型的检验步骤。三变量的中介效应模型中介关系可以用回归方程表示如下：

其中 X 是自变量，M 是中介变量，Y 是因变量。

（1）$Y = aX + e1$

（2）$M = bX + e2$

（3）$Y = a'X + cM + e3$

上述三个方程模型图及对应方程如下：

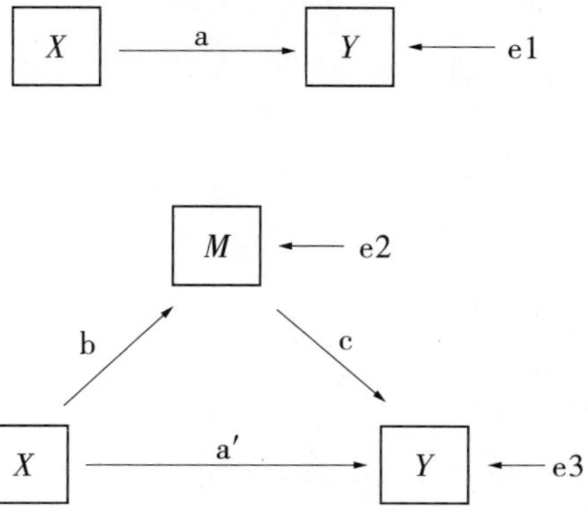

图 5－1　中介效应图

依次检验法分别检验上述（1）、（2）、（3）三个方程中的回归系数，步骤如下：

1. 首先检验方程（1）$Y = aX + e1$，若 a 显著，则继续检验方程（2）；若 a 不显著，则说明 X 对 Y 相关关系不成立，则停止中介效应检验步骤。

2. 在 a 通过显著性检验后，继续进行下面的步骤，继续检验方程（2）$M = bX + e2$，若 b 显著，则继续检验方程（3）；若 b 不显著，就停止检验。

3. 在方程（1）和（2）都通过显著性检验后，检验方程（3），即 $Y = a'X + cM + e3$，首先检验 c 的显著性，如果 c 显著，则说明中介效应显著。然后再检验 a′，若 a′显著，则说明中介效应是不完全中介效应；如果不显著，则说明是完全中介效应，X 对 Y 的作用完全通过 M 来实现。

本论文中采取了上述依次检验法三个步骤对模型进行检验，判定模型假设的中介效应是否成立。

在面板资料散点图中，如果对于不同的截面或不同的时间序列，模型的截距是不同的，则可以采用在模型中加虚拟变量的方法估计回归参数，此种模型称为固定效应模型。

针对本论文的面板资料，本论文构建了基于固定效应的面板回归分析。

统计方法

1. Logistic Regression 逻辑回归模型

使用 Logistic Regression 逻辑回归模型分析法来检验子研究 1 的 3 个模型，分别是 P1 组织内部之组织特性对电子商务采纳的显著性；P2 组织内部之组织认知对电子商务采纳的显著性及 POER3 组织内部之高管认知对电子商务采纳的显著性。

逻辑回归模型可表示为：

$$P(Y = 1 \mid x) = \pi(x) = \frac{1}{1 + e^{-g(x)}}$$

2. 普通 OLS 回归模型

普通 OLS 回归法，是 ordinary least square 的简称，是多元线性回归方程普通最小二乘法的离差平方和。使用普通 OLS 回归分析法来检验子研究 2 的 3 个模型，分别是家族治理对 P1 组织内部之组织特性的显著性；家族治理对 P2 组织内部之组织认知的显著性及家族治理对 P3 组织内部之高管认知的显著性。

OLS 回归模型可表示为：

$$Q(\beta 0,\beta 1\cdots\beta p) = \sum_{i=1}^{n}(y_1 - \beta_0 - \beta_1\beta_{il} - \cdots - \beta_{p\chi ip})^2$$

3. 交乘项方法进行调节变量的测量

使用交乘项方法来测量调整变量对自变量和因变量关系的影响。本研究有 2 个调节变量——MO1 外部竞争环境以及 MO2 企业过往业绩，对组织内部因素——组织特性、组织认知及高管认知及电子商务采纳之间的关联进行调节效应。两个调节变量均使用交乘项方法来测量其对自变量与因变量之间关系的调节效应。

五、模型构建

本论文选用的分析软件为 STATA 11.0 软件。具体设计上，本论文构建了多元回归模型，依据 Hausman 检验结果，对模型进行基于固定效应的面板回归分析。本论文设计了几个多元回归模型，并依次在模型中加入解释变量和调节变量的交乘项（先进行标准化再交乘）。

本论文采用的多元回归方程如下：

$$y_1 = \partial + \beta_1 own_1^2 + \beta_2 own_1 + \beta_3 control_2^2 + \beta_4 control_2 + \beta_5 MAR_2 + \varepsilon$$

$$y_2 = \partial + \beta_1 own_1^2 + \beta_2 own_1 + \beta_3 control_2^2 + \beta_4 control_2 + \beta_5 MAR_2 + \varepsilon$$

$$y_3 = \partial + \beta_1 own_1^2 + \beta_2 own_1 + \beta_3 control_2^2 + \beta_4 control_2 + \beta_5 MAR_2 + \varepsilon + \sum{}_1 \gamma_i m,_k,_t + [\sum{}_i \beta_i X_{i,k,t}(\sum{}_d m_d) + \beta_i X_{i,k,t} * \Pi_i m_i] + \varepsilon_{i,t}$$

Y1——组织特性，Y2——组织认知，Y3——高管认知，own——企业股票代码，control——年份，∂——截距，β1－5——回归系数，ε——残差

六、描述性统计

根据本书中将要探讨的变量，依据不同的年份，本论文做了描述性统计。

表 5 - 4 描述性及相关性分析表

Own std	Mean	Sd
Own std	23. 32293	14. 56166
Control std	32. 15296	14. 85584
MAR std	9. 930223	4. 966146
Debt std	0. 501512	0. 279762
zztx1 std	7. 285542	1. 441606
zztx2 std	15. 10905	2. 033857
zztx3 std	47. 63144	2. 870206
Hysdi std	0. 226726	0. 289273
Net income std	2. 81E + 08	6. 71E + 08
Ec		

从自变量的描述性统计可以看到，企业的所有权（ownership）和控制权（control）的平均值分别是 23. 32 及 32. 15。

从调节变量 hysdi（竞争对手采纳程度）的描述性统计可以看到，调节变量 hysdi 的平均值是 0. 2267，行业的竞争密度较公司电子商务采纳平均值要稍高一些。

从调节变量 net income（过往纯利润）的描述性统计可以看到，不同企业的纯利润平均值在 2. 81E，标准差在 6. 71E。

从三个中介变量 zztx1（员工总数）、zztx2（软件增长值）、zztx3（平均高管年龄）的描述性统计可以看到，它们的平均值分别在 7. 28、15. 1 及 47. 63。软件增长值反映企业的整体信息科技水平，并将影响到企业的电子商务采纳的行为。高管的平均年龄是 47. 63 岁，不属于太高龄，与新时代能对接，将影响到企业电子商务采纳的行为。

通过上述描述性统计分析，从上述具体的资料中可以看出本书主要的变量因变量、自变量、调节变量和控制变量均在合理有效的范围之内，符合事实的情况，模型的有效性得到了保证。

七、相关性分析

本书作了变量之间的相关性描述分析，总体上符合研究的预期。因变量和中介自变量同样存在正相关关系。通过中介效应因素模型来验证家族治理对电子商务采纳的影响机制模型，后续再进一步地分析。

表 5－5　相关性分析表

own std	control std	MAR std	Debt std	zztx1std	zztx 2 std	zztx3 std				
own std	1									
Control std	0.845***	1								
MAR std	0.0350	0.0670	1							
debt std	0.131***	0.158***	0.0110	1						
zztx1 std	0.0340	0.154***	0.0590	0.0740	1					
zztx2 std	0.112*	0.203***	0.164***	0.0420	0.575***	1				
zztx3 std	-0.099**	-0.0610	0.0680	-0.0210	0.117***	0.0840	1			
Hysdi std	-0.0690	-0.0400	-0.093*	-0.0840	0.161***	0.0540	0.0600	1		
Netincome std	0.224***	0.287***	-0.0310	0.0220	0.327***	0.374***	0.0220	0.0310	1	
Ec	0.00800	0.0630	-0.0620	-0.0140	0.246***	0.119**	0.0430	0.596***	0.169***	1

Standard errors in parentheses

* $p<0.1$， ** $p<0.05$， *** $p<0.01$

第六章　研究结果及分析

本章详细阐述本书的研究验证结果，分析的统计软件为 STATA 11.0，根据中介效应模型依次检验法来对中介效应进行逐一检验。主研究模型由三个中介变量组成，细分出三个中介效应模型假设，在检验步骤上，本书针对每一个中介效应模型分别进行验证，并最后对模型的调节效应进行验证。

一、研究假设的回顾

本书的研究重点是家族治理对电子商务采纳行为的影响机制，根据 Molla 和 Licker 的企业电子商务适用理论的基础上，提出适用中国背景下的家族企业在电子商务采纳的决策上，家族治理如何通过影响组织因素而产生对电子商务采纳行为的影响效应。本研究的中介效应模型分别是家族所有权及控制权，通过对组织特性、组织认知、高管认知等组织内部因素的中介效应，继而对组织的电子商务采纳行为产生影响。在考虑组织因素在其中的中介效应外，同时考虑到在中国情况下组织外部环境对组织决策行为的调节性影响，因此把调节效应模型独立进行验证并分析竞争格局、过往业绩对组织因素及电子商务采纳行为之间的调节效应。根据前述的理论分析，本研究模型提出以下汇总假设：

表 6－1　研究模型假设汇总表

假设	描述	关系作用
H1	组织特性（ME1）在家族所有权（X1）和电子商务采纳（Y）之间起了中介效应。	中介效应
H1-a	家族所有权（X1）对电子商务采纳（Y）存在正 U 关系，家族所有权的增加会先减弱后加强电子商务的采纳行为。	正 U 关系
H1-b	家族所有权（X1）对组织特性（ME1）存在负相关关系。	负相关关系
H1-c	组织特性（ME1）在所有权（X1）与电子商务采纳（Y）当中起了中介效应，家族所有权（X1）和组织特性（ME1）对电子商务采纳（Y）存在中介作用。	中介作用
H2	组织特性（ME1）在家族控制权（X2）和电子商务采纳（Y）之间起了中介效应。	中介效应
H2-a	家族控制权（X2）对电子商务采纳（Y）存在倒 U 关系，家族控制权的增加会先加强后弱化电子商务的采纳行为。	倒 U 关系
H2-b	家族控制权（X2）对组织特性（ME1）存在正相关关系。	正相关关系
H2-c	家族控制权（X2）和组织特性（ME1）对电子商务采纳（Y）存在中介作用。	中介作用
H3	组织认知（ME2）在家族所有权（X1）和电子商务采纳（Y）之间起了中介效应。	中介效应
H3-a	家族所有权（X1）对电子商务采纳（Y）存在正 U 关系，家族所有权的增加会先减弱后加强电子商务的采纳行为。	正 U 关系
H3-b	家族所有权（X1）对组织认知（ME2）存在倒 U 关系，家族所有权的增加会先增强后减弱组织认知的程度。	倒 U 关系
H3-c	家族所有权（X1）和组织认知（ME2）对电子商务采纳（Y）存在中介作用。	中介作用
H4	组织认知（ME2）在家族控制权（X2）和电子商务采纳（Y）之间起了中介效应。	中介效应
H4-a	家族控制权（X2）对电子商务采纳（Y）存在倒 U 关系，家族控制权的增加会先加强后弱化电子商务的采纳行为。	倒 U 关系
H4-b	家族控制权（X2）对组织认知（ME2）存在正 U 关系，家族控制权的增加会先减弱后加强组织认购的程度。	正 U 关系

续上表

假设	描述	关系作用
H4-c	家族控制权（X2）和组织认知（ME2）对电子商务采纳（Y）存在中介作用。	中介作用
H5	高管认知（ME3）在家族所有权（X1）和电子商务采纳（Y）之间起了中介效应。	中介效应
H5-a	家族所有权（X1）对电子商务采纳（Y）存在正 U 关系，家族所有权的增加会先减弱后加强电子商务的采纳行为。	正 U 关系
H5-b	家族所有权（X1）对高管认知（ME3）存在负相关关系。	负相关关系
H5-c	家族所有权（X1）和高管认知（ME3）对电子商务采纳（Y）存在中介作用。	中介作用
H6	高管认知（ME3）在家族控制权（X2）和电子商务采纳（Y）之间起了中介效应。	中介效应
H6-a	家族控制权（X2）对电子商务采纳（Y）存在倒 U 关系，家族控制权的增加会先加强后减弱电子商务采纳的行为。	倒 U 关系
H6-b	家族控制权（X2）对高管认知（ME3）存在负相关关系。	负相关关系
H6-c	家族控制权（X2）和高管认知（ME3）对电子商务采纳（Y）存在中介作用。	中介作用
H7-a	外部环境对组织内部因素组织特性（ME1）和组织电子商务采纳（Y）之间的正相关关系存在调节作用。	调节作用
H7-b	外部环境对组织内部因素组织认知（ME2）和组织电子商务采纳（Y）之间的正相关关系存在调节作用。	调节作用
H7-c	外部环境对组织内部因素高管认知（ME3）和组织电子商务采纳（Y）之间的正相关关系存在调节作用。	调节作用

二、家族治理与组织特性和电子商务采纳的中介效应模型的验证

本书根据上述假设对中介效应模型进行依次检验法的验证。按照三步法的分析顺序对自变量→因变量；自变量→中介变量；自变量→中介变量→因变量的三个步骤分别进行显著性的检验。为更详细分析调节变量的作用，调节效应的显著性在最后独立展示。

1. 验证步骤介绍

本研究采用的是中介效应模型的依次检验法进行验证。根据前述分析可知，进行实证验证时采用自变量→因变量，自变量→中介变量以及自变量、中介变量→因变量的三个步骤分别检验显著性。

2. 由于家族治理由两个自变量构成，本书依照三步法分别对两个自变量，家族所有权（ownership）及家族控制权（control）进行验证

验证步骤1：验证家族所有权（ownership）对因变量电子商务采纳（ec）的相关性。

验证步骤2：验证自变量家族所有权（ownership）和中介变量组织因素（zztx1）的相关性。

验证步骤3：家族所有权（ownership）和组织因素（zztx1）对因变量电子商务采纳（ec）的中介效应模型。

完成针对家族所有权（ownership）的三步法验证，上述次序对家族控制权的验证重复一遍。

表6-2　STATA结果1

	(1) Ec	(2) zztx1	(3) ec	(4) ec
Main				
indt2	-3.291***	0.266**	-4.438	-3.894
	(1.177)	(0.135)	(3.176)	(3.551)
indt3	-4.397***	-0.522***	-4.099	-3.728
	(1.200)	(0.138)	(3.328)	(3.694)
yr2	0.487	0.059		-0.010
	(0.420)	(0.058)		(1.338)
yr3	0.548	0.104*		0.057
	(0.428)	(0.058)		(1.358)
yr4	1.018**	0.136**		0.084
	(0.433)	(0.059)		(1.385)
MAR	-1.286***	0.038	-0.586	-0.573

续上表

	(1) Ec	(2) zztx1	(3) ec	(4) ec
	(0.195)	(0.023)	(0.798)	(0.853)
debt0	-0.441	0.213***	0.532	0.372
	(0.367)	(0.035)	(1.239)	(1.260)
own2	0.562*	0.050		0.349
	(0.308)	(0.038)		(1.303)
own0	-1.729***	-0.235***		-0.390
	(0.358)	(0.044)		(1.396)
control2	-1.977***	-0.013		-0.535
	(0.331)	(0.033)		(1.008)
control0	3.368***	0.334***		1.197
	(0.453)	(0.044)		(1.564)
hysdi0			17.586***	17.342***
			(1.269)	(1.260)
netincome0			2.527	2.548
			(2.736)	(3.041)
hysdi_ X_ netincome			0.996	1.270
			(3.064)	(2.937)
zztx1			2.510*	2.396*
			(1.298)	(1.376)
zztx12			1.191	0.841
			(1.071)	(1.015)
_ cons	3.908***	-0.068	-11.116***	-11.127***
	(1.232)	(0.143)	(3.000)	(3.889)
lnsig2u				
_ cons	4.298***		5.341***	5.319***

续上表

	(1) Ec	(2) zztx1	(3) ec	(4) ec
	(0.126)		(0.189)	(0.187)
r2_ w				
F		38.159		
Ll	-159.097	-1.1e+03	-102.631	-100.407
chi2	133.162		262.143	288.000
N	1110.000	1109.000	1163.000	1109.000

Standard errors in parentheses

* $p<0.1$, ** $p<0.05$, *** $p<0.01$

家族所有权与电子商务采纳的三步法验证：

验证步骤 1：检验家族所有权（ownership）对因变量电子商务采纳（ec）相关性的结果验证：

从 STATA 结果显示，家族所有权（ownership）与因变量电子商务采纳（ec）的数据结果显示是显著，并且是正 U 相关。当家族所有权增加时，企业对电子商务的采纳是先呈现减弱，后到一临界点后逐步增强。这正与假设 H1-a 相符合：所有权（X1）与电子商务采纳（Y）存在正 U 相关关系，家族所有权的增加会先减弱至临界点后逐渐加强电子商务的采纳行为。假设 H1-a 成立。

结果分析：家族所有权与电子商务采纳在存在正 U 关系，被本研究验证数据支持并成立，符合国外前期文献的提法。家族企业作为家族涉入企业所形成的复杂系统，其组织创新能力会显著地受到家族涉入因素的影响（Lichtenthaler and Muethel，2012；Zahra et al.，2007）。说明在中国的背景下，家族对企业的所有权会出于企业的持续发展而倾向于电子商务的采纳，可能在前期有一个排斥及接受的过程，但后来是倾向于采纳的。

验证步骤 2：检验自变量家族所有权（ownership）和中介变量组织特性（zztx1）的相关性的结果检验：

从 STATA 结果显示，家族所有权（ownership）与中介变量组织特性

(zztx1) 的数据结果显示是显著负相关。当家族所有权增加时，组织特性的制度正式化程度会减弱。假设 H1-b 成立。

结果分析：家族所有权的情况与国外研究家族影响对企业采纳非连续创新的观点有前部分吻合。König 对家族企业的研究指出，家族影响会降低企业的正式化程度，从而负相关影响创新采纳的积极性（König，2013）。而本验证数据显示，家族所有权会降低企业的制度正式化程度，从而提升企业的电子商务采纳行为。König 的家族影响对非连续创新的理论认为家族影响是弱化组织制度正式化程度。理论提出当企业面对非连续变革时，家族影响也有着一定作用，使之与非家族企业的变革机制有所不同。家族的介入会减少非家族企业所拥有的高度正规化、高外部资金依赖度及高政治敏感度等。同时，企业会较容易出现受家族影响而瘫痪、对现成资产过度情感依赖及思维固化等风险。相比非家族企业，家族企业在做非连续变革时，虽改革意识较慢但其采纳及执行速度较快，也有着更高的激情和积极性。但是，自有资金的高度依赖弱化了对变革的资金投入；及固化思维也减低了变革中所需要的灵活性（Kamrlander et al.，2013）。此理论观点正与本研究的假设部分持相反观点。本研究则提出制度正式化越高不产生弱化效应，相反是强化效应。这是由于本研究的对象是中国的家族上市企业，而中国家族企业的平均成立时间较西方国家的家族企业短，也处于企业生命周期的前端阶段。

Miller 和 Le Breton Miller 在 2005 年提出家族 4C 理论，指出家族企业普遍持有 4C 特性——Continuity（承袭）、Commitment（契约）、Community（归属感）、Connections（关联）。这四种特性分别会加剧组织的制度正式化在家族企业内有效形成。出于 Continuity（承袭目的），家族企业更偏向于长期目标而非短期目标，这一观点也被家族理论的管家理论所支持。追求长期生存目标使企业管理者更偏向接地气的商机，尽管存在很多变数及风险。因此高度制度正式化与家族企业的高敏锐度和灵活性是背道而驰的。出于 Community（归属感），家族成员更重视情感纽带，组织管理更多呈现家长性，以信任为基础的治理方针，而非以合约为基础的经理人制度。后者的组织制度正式化程度更高。这观点与本书家族所有权会弱化企业的制度正式化观点一致。因此，本书家族所有权与制度正式化是负相关的观点与König的看法一致。就企业的成长周期，在家族企业创业初期及高速成长发展期，家族化管理可以被看作是家长式管理的延伸和扩展。人力资源数量会随着企业规模的扩大而增加，由于不信任外部人员，企业便从家族内部或者周围的朋友等招募新的人员加入，企业更加的家族化，家族的利益与企业的利益联系更加紧密。组织的制度正式化程序确实随着家族成员的高度参与而弱化。在中国这情况普遍存在。因此笔者提出家族影响对组织制度正式化形存在负相关关系。以下实践案例说明假设的逻辑性：

案例1：家族影响弱化企业制度正式化程度——真功夫案例

真功夫内部斗争一案，揭示了家族企业的制度正式化程度弱化而暴露的企业不规范及经营问题。1992年，两大股东蔡达标、潘宇海（蔡达标前妻潘敏峰的弟弟）共同创立真功夫连锁中式餐饮前身“168蒸品店”。1997年，“168蒸品店”攻克了中餐工业化生产的标准化难题，更名为“东莞市双种子饮食有限公司”，开始走上连锁扩张之路，潘宇海担任法定代表人、执行董事、总经理。2003年蔡达标出任公司总裁，此后蔡达标在策划公司的帮助下，将“双种子”蜕变为“真功夫”。而“真功夫”也开始走上了高速发展之路。2007年下半年开始，因为对潘宇海的不满，蔡达标开始了一系列“去家族化”的策划。与此同时，为摆脱昔日的好兄弟，2009年6月，蔡达标又委托了一家中介公司策划“脱壳计划”，在其管理公司期间，安排家族成员包括弟弟蔡亮标，妹妹蔡春媚任采购总监及妹妹蔡春红出任代董事长等。通过“去家族化”涉嫌存在关联的交易，所涉金额高达人民币1.3亿元。2011年4月，蔡达标等4名嫌疑人因涉嫌挪用资金、职务侵占等犯罪行为被逮捕。（王厚芹，2013）

验证步骤3：家族所有权（ownership）和组织特性（zztx1）对因变量电子商务采纳（ec）的中介效应模型的结果检验：

从STATA结果显示，组织特性（zztx1）对因变量电子商务采纳（ec）的直接作用是正相关关系。家族所有权（ownership）和组织特性（zztx1）对因变量电子商务采纳（ec）的中介效应是显著的，并且显著性显示在组织特性（zztx1）而非家族所有权（ownership）上。因此组织特性（zztx1）

起到了完全中介效应。家族所有权通过影响组织特性而对电子商务采纳产生影响作业，与假设 H1-c 相符。

结果分析：验证结果显示组织因素对电子商务采纳的直接作用是正相关关系。但本书与 König 提出制度正式化与创新采纳存在负相关关系这一观点不同。这大概与中国普遍家族企业的成立时间较短有关。中国家族企业因高速发展及上市而迈向制度正式化等现代化管理而有一定的优势特征，但企业尚未成熟至组织惰性及僵化等问题出现阻碍企业接受创新。家族企业在渴求传承的欲望下努力寻求新机遇并对创新采纳抱开放态度。综观美国的家族企业都成立时间较长，有的甚至达百年之久。从企业生长周期看，他们已经历企业的创业期、成长期、迈入缓慢增长的成熟期或早期的衰退期，因此组织惰性问题严重。“家族企业的灵活性会随着环境的变化而下降，自我保护意识会越来越强，而创新精神却越来越弱，创业者容易开始不思进取。由于竞争力下降等原因家族企业会开始走下坡路。这一阶段可能发生于整个生命周期之中，时间和规模并不能成为家族企业衰落的原因。”（于然和周明生，2005）。中国改革开放 40 年，大部分家族企业平均成立时间远低于发展国家。据统计，我国家族企业的平均寿命只为 2—3 年，仅为国外家族企业平均寿命的 10%。根据国泰安数据库，以家族成员担任董事长或总经理一项作为家族企业筛选，最早挂牌上市的家族公司的成立时间是 1990 年，是最早挂牌上市的公司之一。因此中国家族企业尚未如美国稳定成熟的家族企业，具有严重组织惰性及制度正式化所带来的创新改革抗体。相反，家族企业的较高度制度正式化有助家族企业在采纳及推行创新改革，出于他们对企业欲求保持持续发展甚至再创高峰。在中国的背景下，家族所有权的增加会弱化制度正式化从而弱化电子商务采纳行为，反之家族所有权的减少会增加组织的制度正式化程度而加强电子商务采纳的行为。

上述结果符合中介效应验证的三个步骤。自变量家族所有权对因变量电子商务采纳起直接作用；自变量家族所有权对中介变量组织特性起直接作用；组织特性对因变量电子商务采纳起直接作用，自变量家族所有权和中介变量组织特性对因变量电子商务采纳起到中介作用。因此主假设 H1：

组织特性在家族所有权和电子商务采纳之间起了中介效应成立。整个中介效应模型得到验证，并且是完全中介效应。家族企业可通过减少家族所有权而提升组织特性的制度正式化程度，从而加强企业的电子商务采纳行为。

家族控制权与电子商务采纳的三步法检验：

验证步骤1：检验家族控制权（control）对因变量电子商务采纳（ec）相关性的结果检验：

从STATA结果显示，家族控制权（control）与因变量电子商务采纳（ec）的数据结果显示是显著，并且是倒U相关。当家族控制权增加时，企业对电子商务的采纳是先呈现增强，后到一临界点后逐步减弱。这正与假设H2-a相符合：控制权（X2）与电子商务采纳（Y）存在倒U相关关系，家族控制权的增加会先加强至临界点后逐渐减弱电子商务的采纳行为。假设H2-a成立。

结果分析：控制权（X2）与电子商务采纳（Y）存在倒U相关关系，被本研究验证数据支持并成立，符合国内前期文献的提法。家族管理权对家族企业创新能力有显著的负向影响。家族控制权的增加会先加强后弱化电子商务的采纳行为。说明在中国的背景下，家族直接参与实际经营及控制，家族成员自身的情感因素、新事物的认知因素、创新执行面对的阻力等诸多因素会影响企业在电子商务采纳的取向及成效。

验证步骤2：检验自变量家族控制权（control）和中介变量组织特性（zztx1）的相关性的结果验证：

从STATA结果显示，家族控制权（control）与中介变量组织特性（zztx1）的数据结果显示是显著正相关。当家族控制权增加时，组织特性的制度正式化程度会增强。假设H2-b成立。

结果分析：与所有权不同，家族控制权与组织特性的制度正式化是正相关关系。在中国的背景下，家族控制权不但没有减弱组织的正式化程度，相反是加强了。当企业发展已经历过创意初始阶段，及高速发展的快速膨胀期，企业的增速步向稳定及趋向以现代化管理取代家长式家族式管理。进入成熟期甚至瓶颈阶段，家族化的问题开始暴露，更甚者会影响整个企业的发展。为求追求企业持续发展，家族企业会进一步向现代化管理靠拢，“去家族化”是常见的改革，引入职业经理人是关键的举措。摆脱家族成员的内部控制是企业从人性化管理过渡至理性化管理（党君鹏和岳云飞，2008）。步入成熟期的家族企业在具备了人力、财力、物力的组织条件下会逐步往现代化管理改革，在引入职业经理人的情况下职业化专业管理模式会取代家长式管理，所有权和经营权会逐渐分离，企业的持续发展是去家族化改革的目的。因此此时组织控制人出于 Continuity（承袭导向）长青发展的目的，会慢慢脱离 Community（归属感）的制约而实行去家族化。这个时期的特征是逐步减低家族企业的实际经营及管理的人数，只保留一到两位核心人物代表家族的利益参与在企业中，这过程称作“去家族化”（党君鹏和岳云飞，2008）。此时家族控制权不但对制度正式化程度不产生弱化，反而是增强的作用；而组织特性的制度正式化又是与企业电子商务采纳行为存在正相关关系。当中的中介效应是完全中介效应。因此，家族企业可通过对家族控制权的增加而加强组织的制度正式化程度，从而加强企业的电子商务采纳行为。以下中国上市家族企业的一个现实案例，说明家族影响及制度正式化的正相关关系：

案例 2：随着家族企业壮大并上市，企业制度正式化程度由弱到强的转化——三全食品

三全有 400 多名主管以上人员，只有两个家族成员。

三全公司，作为国内冷冻食品行业的老大，并于 2008 年在中国 A 股证券市场正式挂牌上市，也是一个典型的家族控股企业。三全是家族控制，不是家族管理。三全有 400 多名主管以上的人员，其中又有 200 多名经理助理以上人员，却只有陈南和陈希两个家族成员在这些管理者中，七八个副总裁都是职业经理人。公司领导中没有第三个和陈家有直系亲属关系的人，也就有一个没出“五服”的亲戚。（中国网，2013）。

由此可见，随着家族企业日渐壮大到一定程度成为上市公司之后，现代化企业管理及职业经理人引入组织内，制度正式化受到重视并推行。由于家族企业受家族股权比例较高，能更有效在组织内行使决策，能更好地推行及执行组织制度化。因此后期家族企业能达到更理想的制度正式化状态。而组织特性的制度正式化与电子商务采纳存在正相关关系，其中原因与中国的独有背景不无关系。

验证步骤3：家族控制权（control）和组织因素（zztx1）对因变量电子商务采纳（ec）的中介效应模型的结果检验：

从STATA结果显示，组织因素（zztx1）对因变量电子商务采纳（ec）的直接作用是正相关关系。家族控制权（control）和组织因素（zztx1）对因变量电子商务采纳（ec）的中介效应是显著的，并且显著性显示在组织因素（zztx1）而非家族控制权（control）上。因此组织因素（zztx1）起到了完全中介效应。家族控制权通过影响组织特性而对电子商务采纳产生影响作用，与假设H2-c相符。

结果分析：验证结果显示组织因素对电子商务采纳的直接作用是正相关关系。但本书与König提出制度正式化与创新采纳存在负相关关系这一观点不同。这大概与中国普遍家族企业的成立时间较短有关。企业的制度正式化程度不足以形成组织僵化等惰性问题使家族企业对创新采纳失去灵活性及动力（于然和周明生，2005）。组织特性（ME1）在控制权（X2）与电子商务采纳（Y）在当中起了中介效应。当家族控制权增加时，组织特性的制度正式化程度会增强；组织特性的制度正式化程度与电子商务采纳行为又是正相关关系。家族控制权会增强组织特性的制度正式化程度，从而正相关影响企业的电子商务采纳的行为。

上述结果符合中介效应检验的三个步骤。自变量家族控制权对因变量电子商务采纳起直接作用；自变量家族控制权对中介变量组织特性起直接作用；组织特性对因变量电子商务采纳起直接作用，自变量家族控制权和中介变量组织特性对因变量电子商务采纳起到中介作用。因此主假设H2：组织特性在家族控制权和电子商务采纳之间起了中介效应成立。整个中介效应模型得到验证，并且是完全中介效应。家族企业可通过增加家族控制权而提升组织特性的制度正式化程度，从而加强企业的电子商务采纳行为。组织特性的制度正式化在当中产生完全中介的作用。

三、家族治理与组织认知和电子商务采纳的中介效应模型的验证

1. 验证步骤介绍

本研究采用的是中介效应模型的依次检验法进行验证。根据前述分析可知，进行实证验证时采用自变量→因变量，自变量→中介变量以及自变量、中介变量→因变量的三个步骤分别检验显著性。

2. 由于家族治理由两个自变量构成，本书依照三步法分别对两个自变量，家族所有权（ownership）及家族控制权（control）进行检验

验证步骤1：检验家族所有权（ownership）对因变量电子商务采纳（ec）的相关性。

验证步骤2：检验自变量家族所有权（ownership）和中介变量组织认知（zztx2）的相关性

验证步骤3：家族所有权（ownership）和组织认知（zztx2）对因变量电子商务采纳（ec）的中介效应模型。

完成针对家族所有权（ownership）的三步法验证，上述次序对家族控制权的验证重复一遍。

表6-3 STATA结果2

	(1) Ec	(2) zztx2	(3) ec	(4) ec
Main				
indt2	-3.291***	0.583***	-2.608	-2.756
	(1.177)	(0.150)	(3.778)	(3.569)
indt3	-4.397***	0.356**	-1.082	-1.538
	(1.200)	(0.155)	(3.983)	(3.467)
yr2	0.487	-0.035		-0.245
	(0.420)	(0.074)		(1.399)
yr3	0.548	-0.048		-0.260

续上表

	(1) Ec	(2) zztx2	(3) ec	(4) ec
	(0.428)	(0.075)		(1.444)
yr4	1.018**	-0.050		-0.538
	(0.433)	(0.077)		(1.528)
MAR	-1.286***	0.089***	0.204	0.727
	(0.195)	(0.031)	(0.858)	(1.038)
debt0	-0.441	0.135***	0.520	0.188
	(0.367)	(0.047)	(1.308)	(1.251)
own2	0.562*	-0.107**		0.404
	(0.308)	(0.048)		(1.486)
own0	-1.729***	-0.148***		-0.354
	(0.358)	(0.055)		(1.467)
control2	-1.977***	0.138***		-0.665
	(0.331)	(0.041)		(1.109)
control0	3.368***	0.287***		1.163
	(0.453)	(0.055)		(1.488)
hysdi0			17.743***	17.719***
			(1.214)	(1.406)
netincome0			1.388	1.130
			(2.163)	(2.783)
hysdi_X_netincome			2.037	1.934
			(2.988)	(3.518)
zztx2			1.258	1.092
			(1.249)	(1.249)
zztx22			2.243**	1.985**
			(1.086)	(0.970)

续上表

	(1) Ec	(2) zztx2	(3) ec	(4) ec
_ cons	3.908***	-0.520***	-12.081***	-11.438***
	(1.232)	(0.162)	(3.847)	(4.302)
lnsig2u				
_ cons	4.298***		5.387***	5.379***
	(0.126)		(0.215)	(0.216)
r2_ w				
F		9.811		
Ll	-159.097	-891.690	-83.835	-81.602
chi2	133.162		273.143	279.039
N	1110.000	805.000	852.000	805.000

Standard errors in parentheses

* $p < 0.1$, ** $p < 0.05$, *** $p < 0.01$

家族所有权与电子商务采纳的三步法验证：

验证步骤 1：检验家族所有权（ownership）对因变量电子商务采纳（ec）相关性的结果检验：

从 STATA 结果显示，家族所有权（ownership）与因变量电子商务采纳（ec）的数据结果显示是显著，并且是正 U 相关。当家族所有权增加时，企业对电子商务的采纳是先呈现减弱，后到一临界点后逐步增强。这正与假设 H3-a 相符合：所有权（X1）与电子商务采纳（Y）存在正 U 相关关系，家族所有权的增加会先减弱至临界点后逐渐加强电子商务的采纳行为。假设 H3-a 成立。

结果分析：家族所有权与电子商务采纳在存在正 U 关系，被本研究验证数据支持并成立，符合国外前期文献的提法。家族企业作为家族涉入企业所形成的复杂系统，其组织创新能力会显著地受到家族涉入因素的影响（Lichtenthaler and Muethel，2012；Zahra et al.，2007）。说明在中国的背景下，家族对企业的所有权会出于企业的持续发展而倾向于电子商务的采纳，可能在前期有一个排斥及接受的过程，但后来是倾向于采纳的。

验证步骤 2：检验自变量家族所有权（ownership）和中介变量组织认知（zztx2）的相关性的结果检验：

从 STATA 结果显示，家族所有权（ownership）与中介变量组织认知（zztx2）的数据结果显示是显著倒 U 相关。当家族所有权增加时，组织认知会先增加至一临界点后逐步减弱。假设 H3-b 成立。当家族控制权增加时，组织特性的组织认知会先减弱至一临界点后逐步加强。

结果分析：组织认知指的是组织对电子商务的理解、认知、预期收益与风险等。组织对电子商务的理解是指组织对电子商务运作、流程、经营以及对公司其他部门所需要作出的配合及调整等方面的理解。此处组织认知以组织的信息建设程度作为衡量，组织的信息科技更新率越高，组织内部的平均的 IT 接受度及认知水平也会随之提高，对电子商务的认知有直接的帮助。从国泰安数据库提取上市公司信息软件增长值原始数位为指标。这情况更接近家族企业正处于企业成长周期的创业初期及高速成长发展期，家族化管理可以被看作是家长式管理的延伸和扩展。人力资源数量会随着企业规模的扩大而增加，由于不信任外部人员，企业便从家族内部或者周围的朋友等招募新的人员加入，企业更加的家族化，而企业核心人员的交流更多以家族内部进行较多，决策速度也因此加速。企业对信息科技等方面的投入在前期的一个基础程度完成后不需更多的投入，而资金此时尤为紧张，用于企业的快速扩张中。家族所有权与组织认知形成一倒 U 关系。

验证步骤 3：家族所有权（ownership）和组织认知（zztx2）对因变量电子商务采纳（EC）的中介效应模型的结果检验：

从 STATA 结果显示，组织认知（zztx2）对因变量电子商务采纳（ec）的直接作用是正 U 关系。家族所有权（ownership）和组织认知（zztx2）对因变量电子商务采纳（ec）的中介效应是显著的，并且显著性显示在组织认知（zztx2）而非家族所有权（ownership）上。因此组织认知（zztx2）起到了完全中介效应。家族所有权通过影响组织认知而对电子商务采纳产生影响作业，与假设 H3-c 相符。

结果分析：组织认知与电子商务采纳存在正 U 关系。随着组织认知的增加，电子商务采纳先是减弱，突破临界点后逐渐增强。此统计结果与Molla和Licker提出的POER model里组织认知与组织电子商务采纳存在正相关关联。以发展中国家作研究对象的PERM模型结果与本研究一致，说明了中国这个正处于高速发展的发展中国家在组织电子商务采纳的行为上，与其他发展中国家共享一些共通的促进因素，相互可以有借镜之处（Molla and Licker，2005）。同时，此统计结果与Grandon和Pearson以美国中小企业为研究对象的验证结果同样呈现一致，他们提出“电子商务战略价值的预期”会促进组织对电子商务的采纳，而“电子商务战略价值的预期”又是被“提高组织生产力的预期、提高管理层效率的预期、提高组织策略决策能力的预期”所促成；除此而外，Grandon和Pearson也指出采纳也受组织准备度、外部支援度、技术易用性及技术实用性所影响（Grandon and Pearson，2004）。组织认知ME2对电子商务采纳存在U型正相关关系，即当组织认知越发提高，组织的电子商务采纳会呈现先降后升的U型发展态势。那是由于当企业开始对组织的信息科技投放更大时，组织员工需要时间去学习并消化新智慧，到一定程度达到临界点时，才释放出前期沉淀的效应。认知是一个过程，需要时间吸引、消化、转化再成为产出。组织对信息科技的理解、与大时代科技的发展变化的同步，对组织对电子商务所带来的机遇、优势会有更高的理解。而对电子商务的战略的价值预期又很好的推动电子商务的采纳，例如电子商务对运营方面的贡献，大大节约营运成功；提升管理者的决策效率，继而提升管理者的生产力；战略层面的决策优化，支持行业内互利性合作等（Grandon，2004）。

本研究在组织认知和电子商务采纳的关联有效性与Grandon和Pearson的模型是一致，说明中国与西方，大企业及中小企业，组织认知都是一项重要的促进因素。而笔者认为不单是有效促进电子商务的采纳，更是采纳的有效实行并转化为绩效的重要因素。现实中不少企业由于对电子商子商务的认知不够充分，或对其所能带来的绩效有过高预期，企业盲目投入或连续投入后劲不济，导致电子商务采纳成为一个短暂组织行为，其利益及绩效无从体现。在现实中也是常见的例子。在中国的背景下，家族所有权的增加会先增强后弱化组织认知，从而先弱化后加强电子商务采纳行为。

上述结果符合中介效应检验的三个步骤。自变量家族所有权对因变量电子商务采纳起直接作用；自变量家族所有权对中介变量组织认知起直接作用；组织认知对因变量电子商务采纳起直接作用，自变量家族所有权和中介变量组织认知对因变量电子商务采纳起到中介作用。因此主假设 H3：组织认知在家族所有权和电子商务采纳之间起了中介效应成立。整个中介效应模型得到验证，并且是完全中介效应。家族企业可通过调整家族所有权而影响组织认知的程度，从而影响企业的电子商务采纳行为。家族企业可通过减少家族所有权而提升组织认知的程度，从而加强企业的电子商务采纳行为。同时，组织认知在当中产生完全中介的作用。

家族控制权与电子商务采纳的三步法验证：

验证步骤 1：检验家族控制权（control）对因变量电子商务采纳（ec）相关性的结果检验：

从 STATA 结果显示，家族控制权（control）与因变量电子商务采纳（ec）的数据结果显示是显著，并且是倒 U 相关。当家族控制权增加时，企业对电子商务的采纳是先呈现增强，后到一临界点后逐步减弱。这正与假设 H4-a 相符合：控制权（X2）与电子商务采纳（Y）存在倒 U 相关关系，家族控制权的增加会先加强至临界点后逐渐减弱电子商务的采纳行为。假设 H4-a 成立。

结果分析：控制权（X2）与电子商务采纳（Y）存在倒 U 相关关系，被本研究验证数据支持并成立，符合国内前期文献的提法。家族管理权对家族企业创新能力有显著的负向影响。家族控制权的增加会先加强后弱化电子商务的采纳行为。说明在中国的背景下，家族直接参与实际经营及控制，家族成员自身的情感因素、新事物的认知因素、创新执行面对的阻力等诸多因素会影响到企业在电子商务采纳的取向及成效。

验证步骤 2：检验自变量家族控制权（control）和中介变量组织认知（zztx2）的相关性的结果检验：

从 STATA 结果显示，家族控制权（control）与中介变量组织认知（zztx2）的数据结果显示是显著正 U 相关。当家族控制权增加时，组织认知的程度会先减弱后增强。组织随着控制权的集中，组织认知先是减弱，突破临界点后，控制权越集中，组织认知逐渐增强。假设 H4-b 成立。

结果分析：组织电商认知的定义包括组织对电子商务的预期、理解、展望及潜在利益及风险的预判（Molla and Licker，2005），而组织的电商认知与组织整体的信息化程度有着密不可分的关系。根据陈欣于 2012 年的论文《家族企业信息资源管理影响因素研究》调查证结果显示："由于家族企业仍处发展阶段，企业在各个方面对于资金的需求是很大的，由于家族成员的参与管理降低了人工成本，企业一般不会大规模投资信息化建设，企业内部的信息沟通主要是家族成员间的非正式交流为主。在家族企业的成熟期阶段，此时家族企业无论是管理还是业务上都已经趋于成熟。此时期的标志便是职业经理人的引入，所有权与经营权在此时期应完成分离。当家族企业进入成熟期，家族化管理被职业化管理所取代。此时的家族企业内部信息量大，其管理日趋复杂，为了提高企业的信息传递效率，提高企业绩效，企业引入各种现代管理方法和技术。企业进入成熟期后，企业的管理制度和方法也趋于成熟，此时企业任命的信息主管若有较强的协调能力，则通过与各部门元老的充分协商，制定同时适合企业各个部门的信息政策，同时通过协商和合作的方式解决部门之间出现的信息问题。"（陈欣，2012）无论是哪种类型的信息政策，家族企业发展至成熟期且为求 Continuity（承袭）而趋向去家族化及现代管理化，家族企业对信息的投入加大从而提升企业的整体电子商务认知水平。

验证步骤 3：家族控制权（control）和组织认知（zztx2）对因变量电子商务采纳（ec）的中介效应模型的结果检验：

从 STATA 结果显示，组织认知（zztx2）对因变量电子商务采纳（ec）的直接作用是正 U 关系。家族控制权（control）和组织认知（zztx2）对因变量电子商务采纳（ec）的中介效应是显著的，并且显著性显示在组织认知（zztx2）而非家族控制权（control）上。因此组织认知（zztx2）起到了完全中介效应。家族控制权通过影响组织特性而对电子商务采纳产生影响作业，与假设 H4-c 相符。

结果分析：组织认知与电子商务采纳存在正 U 关系。随着组织认知的增加，电子商务采纳先是减弱，突破临界点后逐渐增强。此统计结果与Molla 和 Licker 提出的 POER model 里组织认知与组织电子商务采纳存在正相关关联。以发展中国家作研究对象的 PERM 模型结果与本研究一致，说明了中国作为一个正处于高速发展的发展中国家，在组织电子商务采纳的行为上，与其他发展中国家共享一些共通的促进因素，相互可以有借镜之处（Molla and Licker，2005）。同时，此统计结果与 Grandon 和 Pearson 以美国中小企业为研究对象的验证结果同样一致，他们提出“电子商务战略价值的预期”会促进组织对电子商务的采纳，而“电子商务战略价值的预期”又是被“提高组织生产力的预期、提高管理层效率的预期、提高组织策略决策能力的预期”所促成；除此而外，Grandon 和 Pearson 也指出采纳也受组织准备度、外部支援度、技术易用性及技术实用性所影响（Grandon and Pearson，2004）。组织认知 MO2 对电子商务采纳存在 U 型正相关关系，即当组织认知越发提高，组织的电子商务采纳会呈现先降后升的 U 型发展态势。那是由于当企业开始对组织的信息科技投放更大时，组织员工需要时间去学习并消化新知识，到一定程度达到临界点时，才释放出前期沉淀的效应。认知是一个过程，需要时间吸引、消化、转化再成为产出。组织对信息科技的理解、与大时代科技的发展变化的同步，对组织对电子商务所带来的机遇、优势会有更高的理解。而对电子商务的战略的价值预期又很好的推动电子商务的采纳，例如电子商务对运营方面的贡献，大大节约营运成功；提升管理者的决策效率，继而提升管理者的生产力；战略层面的决策优化，支持行业内互利性合作等（E. E. Grandon，2004）。

本研究在组织认知和电子商务采纳的关联有效性与 Grandon 和 Pearson 的模型是一致的，说明中国与西方，大企业及中小企业，组织认知都是一项重要的促进因素。笔者认为这不单是有效促进电子商务的采纳，更是采纳的有效实行并转化为绩效的重要因素。现实中不少企业由于对电子商子商务的认知不够充分，或对其所能带来的绩效过高预期，企业盲目投入或连续投入后劲不济，导致电子商务采纳成为一个短暂组织行为，其利益及绩效无从体现。在现实中也是常见的例子。在中国的背景下，家族控制权的增加会先弱化后增强组织认知，从而先弱化后加强电子商务采纳行为。

上述结果符合中介效应检验的三个步骤。自变量家族控制权对因变量电子商务采纳起直接作用；自变量家族控制权对中介变量组织认知起直接作用；组织认知对因变量电子商务采纳起直接作用，自变量家族控制权和中介变量组织认知对因变量电子商务采纳起到中介作用。因此主假设 H4：组织认知在家族控制权和电子商务采纳之间起了中介效应成立。整个中介效应模型得到验证，并且是完全中介效应。家族企业可通过调整家族控制权而影响组织认知的程度，从而影响企业的电子商务采纳行为。家族企业可通过增加家族控制权而提升组织认知的程度，从而加强企业的电子商务采纳行为，同时，组织认知在当中产生完全中介的作用。

四、家族治理与高管认知和电子商务采纳的中介效应模型的验证

1. 验证步骤介绍

本论文采用的是中介效应模型的依次检验法进行验证。根据前述分析可知，进行实证检验时采用自变量→因变量，自变量→中介变量以及自变量、中介变量→因变量的三个步骤分别检验显著性。

2. 由于家族治理由两个自变量构成，本书依照三步法分别对两个自变量，家族所有权（ownership）及家族控制权（control）进行检验

验证步骤 1：检验家族所有权（ownership）对因变量电子商务采纳（ec）的相关性.

验证步骤 2：检验自变量家族所有权（ownership）和中介变量高管认知（zztx3）的相关性

验证步骤 3：家族所有权（ownership）和高管认知（zztx3）对因变量电子商务采纳（ec）的中介效应模型

完成针对家族所有权（ownership）的三步法验证，上述次序对家族控制权的验证重复一遍。

表 6-4　STATA 结果 3

	(1)	(2)	(3)	(4)
	Ec	zztx3	ec	ec
Main				
indt2	-3.291***	-0.518***	-6.158**	-3.591
	(1.177)	(0.157)	(2.999)	(3.144)
indt3	-4.397***	-0.632***	-4.098	-2.853
	(1.200)	(0.161)	(2.867)	(3.228)
yr2	0.487	0.155**		-0.019
	(0.420)	(0.067)		(1.312)
yr3	0.548	0.299***		0.239
	(0.428)	(0.068)		(1.381)
yr4	1.018**	0.455***		0.111
	(0.433)	(0.069)		(1.464)
MAR	-1.286***	0.000	0.168	-0.617
	(0.195)	(0.027)	(0.949)	(0.816)
debt0	-0.441	0.031	0.146	0.529
	(0.367)	(0.040)	(1.562)	(1.082)
own2	0.562*	0.001		0.418
	(0.308)	(0.044)		(1.299)
own0	-1.729***	-0.100*		-0.672
	(0.358)	(0.051)		(1.371)
control2	-1.977***	-0.053		-0.939
	(0.331)	(0.038)		(1.076)
control0	3.368***	0.028		1.632
	(0.453)	(0.051)		(1.482)
hysdi0			30.943***	18.937***
			(1.451)	(1.232)

续上表

	(1) Ec	(2) zztx3	(3) ec	(4) ec
netincome0			5.379**	3.221
			(2.737)	(2.244)
hysdi_ X_ netincome			2.811	2.851
			(3.518)	(3.401)
zztx3			-0.349	0.233
			(0.972)	(0.934)
zztx32			-0.031	0.073
			(0.703)	(0.731)
_ cons	3.908***	0.328**	-18.245***	-10.791***
	(1.232)	(0.166)	(2.658)	(3.457)
lnsig2u				
_ cons	4.298***		6.452***	5.442***
	(0.126)		(0.196)	(0.185)
r2_ w				
F		7.473		
Ll	-159.097	-1.3e+03	-97.404	-101.030
chi2	133.162		738.062	322.539
N	1110.000	1110.000	1164.000	1110.000

Standard errors in parentheses

* $p<0.1$, ** $p<0.05$, *** $p<0.01$

家族所有权与电子商务采纳的三步法验证：

验证步骤 1：检验家族所有权（ownership）对因变量电子商务采纳（ec）相关性的结果检验：

从 STATA 结果显示，家族所有权（ownership）与因变量电子商务采纳（ec）的数据结果显示是显著，并且是正 U 相关。当家族所有权增加时，企业对电子商务的采纳是先呈现减弱，后到一临界点后逐步增强。这正与假设 H5-a 相符合：所有权（X1）与电子商务采纳（Y）存在正 U 相关关系，家族所有权的增加会先减弱至临界点后逐渐加强电子商务的采纳行为。假设 H5-a 成立。

结果分析：家族所有权与电子商务采纳在存在正 U 关系，被本研究验证数据支持并成立，符合国外前期文献的提法。家族企业作为家族涉入企业所形成的复杂系统，其组织创新能力会显著地受到家族涉入因素的影响（Lichtenthaler and Muethel，2012；Zahra et al.，2007）。说明在中国的背景下，家族对企业的所有权会出于企业的持续发展而倾向于电子商务的采纳，可能在前期有一个排斥及接受的过程，但后来是倾向于采纳的.

验证步骤 2：检验自变量家族所有权（ownership）和中介变量高管认知（zztx3）的相关性的结果检验：

从 STATA 结果显示，家族所有权（ownership）与中介变量高管认知（zztx3）的数据结果显示是显著负相关关系。当家族所有权增加时，高管认知会减弱。假设 H5-b 成立。当家族控制权增加时，高管认知的水平。

结果分析：高管认知（ME3）在所有权（X1）与电子商务采纳（Y）当中的中介效应作用。高管认知的定义是指管理者对电子商务采纳执行的热衷度，契约，理解及认知（Molla and Licker，2005），而组织的高管认知度与组织整体的信息化程度同样有着密不可分的关系。组织的整体信息化程度，包括硬件的更新率，人力资源的培训，都能提升管理者的信息技术水平，从而提升对电子商务的理解。缺乏基础的了解难以转化为持久的创新改革。高管对电子商务的认知是采纳并推行组织电子商务的基础，而家族企业能通过提升组织信息水平而增长高管的认知。高管管理者认知指的是管理者自身的水平能力、对电子商务的支援和投入、对电子商务的短期绩效的预期效益等。年龄年轻化人群较高龄人群更能接受新鲜事物，此处高管认知以组织内高管人员的平均年龄作为衡量，从国泰安数据库提取上市公司高管年龄原始数位并加以处理，求得平均年龄原始数字为指标。由于高管认用的指标是平均高管年龄，年龄越低反映认知水平越高。因此家族所有权与高管认知存在负相关关系，即家族所有权越增加则高管的平均年龄越倾向年轻化，高管认知的程度会越加强。

验证步骤3：家族所有权（ownership）和高管认知（zztx3）对因变量电子商务采纳（ec）的中介效应模型的结果检验：

从STATA结果显示，高管认知（zztx3）对因变量电子商务采纳（ec）的直接作用不显著。家族所有权（ownership）和高管认知（zztx3）对因变量电子商务采纳（ec）的中介效应因此也不显著。因此高管认知（zztx3）家族所有权（ownership）和电子商务采纳（ec）之间的中介效应并不成立。这结果与假设H5-c的中介效应假设不符合。假设H5-c不成立。

结果分析：但由于高管认知的中介效应不显示，其中介效应在所有权和电子商务采纳行为之间不形成影响作用。验证结果的不显著，说明高管平均年龄与电子商务采纳并不存在显著的关联性。鉴于研究的不足及资料采纳的局限性，组织高层管理者对电子商务采纳执行的热衷度、契约、理解及认知等其他方面的高管认知定义及代表资料，在未来有研究空间作更深入的研究及拓展。

上述结果，不完全符合中介效应验证的三个步骤。自变量家族所有权对因变量电子商务采纳起直接作用；自变量家族所有权对中介变量高管认知起直接作用；高管认知对因变量电子商务采纳不起直接作用，自变量家族所有权和中介变量高管认知对因变量电子商务采纳并不起到中介作用。因此主假设H5：高管认知在家族所有权和电子商务采纳之间起了中介效应不成立。中介效应模型并未得到验证。

家族控制权与电子商务采纳的三步法验证：

验证步骤1：检验家族控制权（control）对因变量电子商务采纳（ec）相关性的结果检验：

从STATA结果显示，家族控制权（control）与因变量电子商务采纳（ec）的数据结果显示是显著，并且是倒U相关。当家族控制权增加时，企业对电子商务的采纳是先呈现增强，后到一临界点后逐步减弱。这正与假设H6-a相符合：控制权（X2）与电子商务采纳（Y）存在倒U相关关系，家族控制权的增加会先加强至临界点后逐渐减弱电子商务的采纳行为。假设 H6-a 成立。

结果分析：控制权（X2）与电子商务采纳（Y）存在倒 U 相关关系，被本书验证数据支持并成立，符合国内前期文献的提法。家族管理权对家族企业创新能力有显著的负向影响。家族控制权的增加会先加强后弱化电子商务的采纳行为。说明在中国的背景下，家族直接参与实际经营及控制、家族成员自身的情感因素、新事物的认知因素、创新执行面对的阻力等诸多因素会影响到企业在电子商务采纳的取向及成效。

验证步骤 2：检验自变量家族控制权（control）和中介变量高管认知（zztx3）的相关性的结果检验：

从 STATA 结果显示，家族控制权（control）与中介变量高管认知（zztx3）的数据结果显示是不显著。家族控制权对中介变量高管认知并不起直接作用。假设 H6-b 不成立。

验证步骤 3：家族控制权（control）和高管认知（zztx3）对因变量电子商务采纳（ec）的中介效应模型的结果检验：

从 STATA 结果显示，高管认知（zztx3）对因变量电子商务采纳（ec）的直接作用不显著。家族控制权（control）和高管认知（zztx3）对因变量电子商务采纳（ec）的中介效应因此也不显著。因此高管认知（zztx3）中介效应并不被数据支持及不显著，与假设 H6-c 不相符。

上述结果，并不满足中介效应验证的三个步骤显著条件：自变量家族控制权对因变量电子商务采纳起直接作用；自变量家族控制权对中介变量高管认知不起直接作用；高管认知对因变量电子商务采纳不起直接作用，自变量家族控制权和中介变量高管认知对因变量电子商务采纳并不起到中介作用。因此主假设 H6：高管认知在家族控制权和电子商务采纳之间起了中介效应不成立。整个中介效应模型并未得到验证。

五、环境因素对组织因素与电子商务采纳的调节效应模型的验证

1. 环境因素（MO）对组织特性（ME1）与电子商务采纳之间的调节效应模型的显著性验证（表）

表 6-5　STATA 结果 4

	(1) Ec	(2) Ec	(3) ec
Ec			
indt2	-3.442	-2.287	-1.851
	(2.877)	(3.555)	(4.185)
indt3	0.425	-2.694	0.112
	(2.891)	(3.894)	(4.166)
hysdi0	10.457***	12.772***	12.894***
	(1.498)	(0.952)	(1.127)
Netincome0	0.642	1.328	2.027
	(0.954)	(1.131)	(2.077)
MAR	-0.361	0.021	-0.237
	(0.567)	(0.657)	(0.647)
debt0	0.307	0.055	0.159
	(0.340)	(0.761)	(0.410)
hysdi_ X_ netincome	4.185**	5.960***	4.518
	(1.795)	(1.916)	(3.146)
zztx1	2.876***	2.781***	2.026**
	(0.938)	(0.936)	(0.898)
zztx12	0.801*	0.546	0.483
	(0.464)	(0.593)	(0.642)

续上表

	(1) Ec	(2) Ec	(3) ec
zztx1_ X_ hysdi	-0.086	0.569	0.878
	(0.961)	(0.800)	(1.101)
zztx12_ X_ hysdi	-0.174	0.105	-0.019
	(0.476)	(0.459)	(0.464)
zztx1_ X_ netincome		0.804	1.199
		(0.863)	(1.703)
zztx12_ X_ netincome		0.197**	0.316*
		(0.096)	(0.176)
zztx1_ X_ hysdi_ X_ netincome			2.575
			(2.820)
zztx12_ X_ hysdi_ X_ netincome			-0.496**
			(0.240)
_ cons	-10.299***	-12.669***	-12.988***
	(2.809)	(3.356)	(3.878)
lnsig2u			
_ cons	4.982***	5.351***	5.343***
	(0.248)	(0.195)	(0.177)
r2_ w			
F			
Ll	-114.779	-109.961	-110.286
chi2	118.004	371.481	1106.840

续上表

	(1) Ec	(2) Ec	(3) ec
N	1163.000	1163.000	1163.000

Standard errors in parentheses

$^{*}p<0.1$，$^{**}p<0.05$，$^{***}p<0.01$

2．环境因素（MO）对组织特性（ME1）与电子商务采纳之间的调节效应模型的显著性验证（图）

从STATA结果显示，组织特性（ME1）和电子商务采纳（Y）存在显著正U关系，与假设H4-a相符。显著性表示组织特性对电子商务采纳起显著作用。因此假设H1-1是成立及被资料统计所支持的。调节变量竞争格局（MO1）对组织特性（ME1）和电子商务采纳（Y），没有起调节作用。

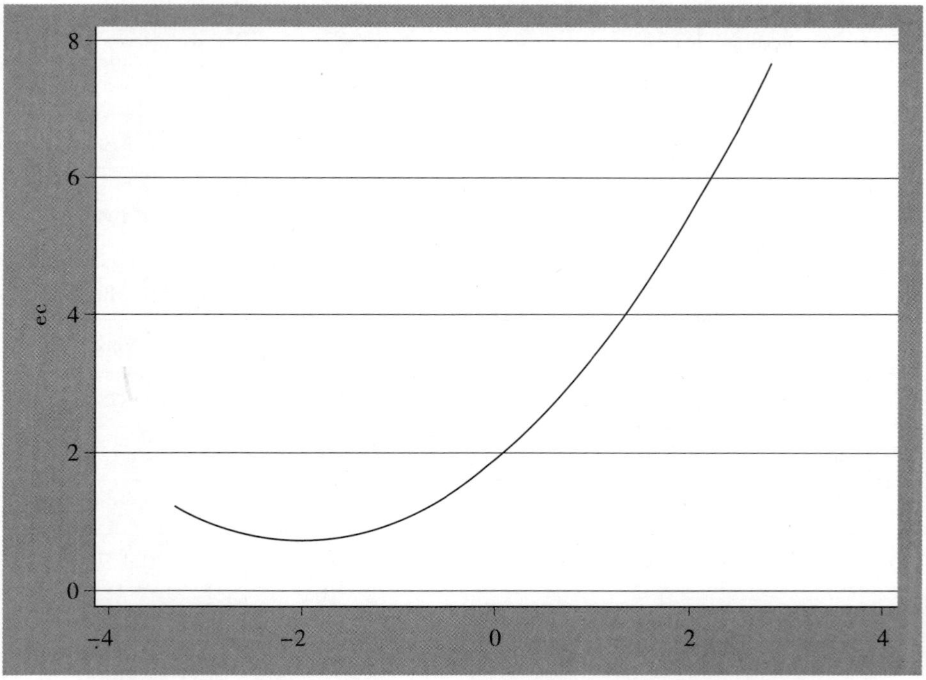

图6-1　竞争格局对组织特性与电子商务采纳的关系的调节效果图

但当过往业绩（MO2）再加进去模型时，竞争格局（MO1）和过往业绩（MO2）各自对组织特性（ME1）和电子商务采纳（Y）之间的关系存在显著的调节效应，是直接的调节作用。过往业绩（MO2）加进模型后，对组织特性（ME1）和电子商务采纳（Y）之间关系起到的调节作用使原来组织特性（ME1）和电子商务采纳（Y）之间的U型正相关关系变成直线正相关关系。

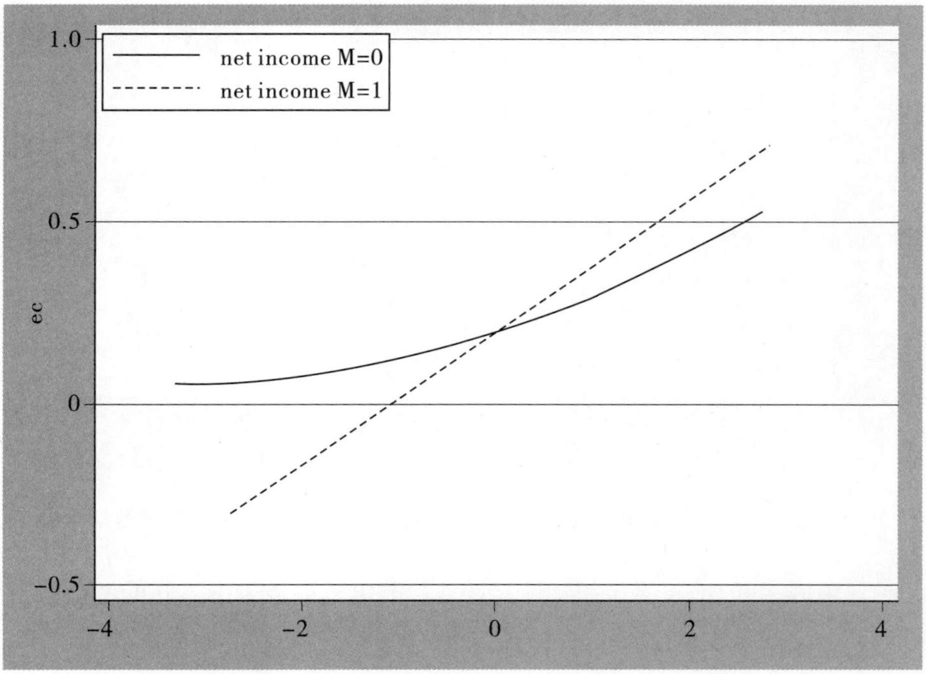

图6-2　过往业绩对组织特性与电子商务采纳的关系的调节效果图

而当两个调节变量进行交乘项后，其调节后效应依然显著，证明两个调节变量互相调节起作用并对组织特性（ME1）和电子商务采纳（Y）之间的关系起间接调节效应。两个调节变量相互起作用并对原来组织特性（ME1）和电子商务采纳（Y）之间的关系加强了调节效应。因此假设H4-a：外部环境对组织内部因素组织特性（ME1）和组织电子商务采纳（Y）之间的正相关关系存在，调节作用是被统计资料所支持并成立的。

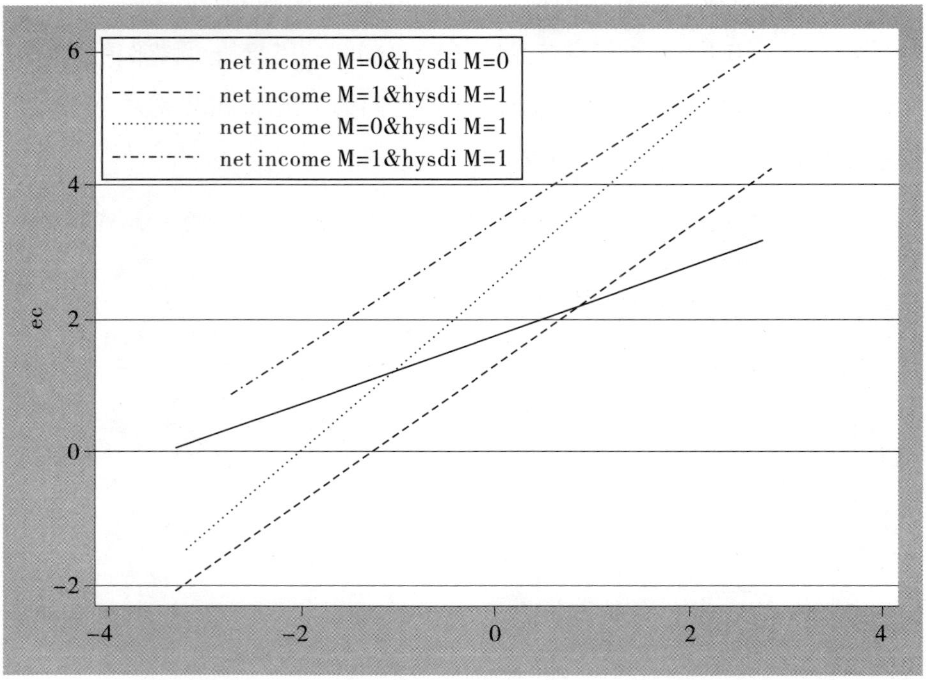

图 6-3 环境因素对组织特性与电子商务采纳的关系的调节效果图

环境因素（MO）对组织特性（ME1）与电子商务采纳之间的调节效应模型的验证结果分析：

假设 H7-a：外部环境对组织内部因素组织特性（ME1）和组织电子商务采纳（Y）之间的正相关关系存在调节作用。调节变量 MO1 竞争格局对组织特性（P1）和电子商务采纳（Y）之间的关系的调节效应并不显著，但过往业绩（MO2）的调节效应非常显著。行业竞争格局显示对组织的规模等特性并没有起什么直接影响，但是过往业绩的多少就直接影响公司的发展速度与规模。如上一年的纯利润有盈余，则下一个财政年度公司可以有更充裕的资金进行内部扩展及公司战略发展，如人力资源的增加及公司发展决策的实行。组织特性和电子商务采纳已被验证存在正相关关系，组织正式化程度越高，则电子商务采纳越高；而过往业绩越好则直接加强了上述正关系效益，即过往业绩越好组织的制度正式化程度会越高，从而电子商务采纳会越高。而且过往业绩的调节作用产生后，使原来组织特性（ME1）和电子商务采纳（Y）存在 U 型正相关影响加强为直线正相关关系。即过往业绩越好，制度正式化的成效时间会被缩短而使组织更快取得制度正式化所带来的优势，使得对电子商务采纳更强。当竞争格局（MO1）和过往业绩（MO2）相互影响时，其产生的调节作用在原来的基础上更进一步强化了组织特性（ME1）和电子商务采纳（Y）的正相关关系。那是由于企业有可观业绩下，眼下竞争格局剧烈或竞争对手的举措会加速企业的应变策略，因此企业会更大投入内部发展，从而对电子商务的采纳会有更正相关的效应。

3. 环境因素（MO）对组织认知（ME2）与电子商务采纳之间的调节效应模型的显著性验证（表）

表 6－6　STATA 结果 5

	(1) Ec	(2) Ec	(3) Ec
Ec			
indt2	－0.062	0.251	－0.640
	(3.535)	(3.267)	(3.911)
indt3	3.764	3.627	1.391
	(3.734)	(3.486)	(3.944)
hysdi0	11.860 ***	10.891 ***	7.689 ***
	(1.178)	(0.887)	(1.439)
netincome0	0.481	2.397 *	－0.092
	(1.118)	(1.266)	(1.452)
MAR	0.033	－0.024	0.533
	(0.673)	(0.641)	(0.671)
debt0	0.116	0.153	－0.034
	(0.721)	(0.473)	(0.493)
hysdi_ X_ netincome	8.011 ***	7.378 ***	3.126
	(1.883)	(1.470)	(2.314)
zztx2	1.748 **	1.462	0.944
	(0.829)	(0.918)	(1.134)

续上表

	(1) Ec	(2) Ec	(3) Ec
zztx22	1.442**	0.603	0.207
	(0.647)	(0.655)	(0.787)
zztx2_X_hysdi	-1.081	-0.385	-0.362
	(0.730)	(0.707)	(1.162)
zztx22_X_hysdi	-0.052	0.293	0.328
	(0.388)	(0.294)	(0.366)
zztx2_X_netincome		-0.143	2.230
		(0.729)	(1.428)
zztx22_X_netincome		0.127***	0.413**
		(0.046)	(0.176)
zztx2_X_hysdi_X_netincome			4.613*
			(2.434)
zztx22_X_hysdi_X_netincome			-0.483***
			(0.178)
_cons	-15.679**	-14.793***	-10.900***
	(3.482)	(3.234)	(3.809)
lnsig2u			
_cons	5.432***	5.425***	4.894***
	(0.217)	(0.226)	(0.218)
r2_w			
F			
Ll	-91.688	-91.726	-91.151
chi2	418.448	331.149	236.670
N	852.000	852.000	852.000

Standard errors in parentheses

* $p < 0.1$, ** $p < 0.05$, *** $p < 0.01$

4．环境因素（MO）对组织认知（ME2）与电子商务采纳之间的调节效应模型的显著性验证（图）

从 STATA 结果显示，组织内部因素的组织认知（ME2）和电子商务采纳存在显著正 U 相关关系。调节变量竞争格局（MO1）对组织认知（ME2）和电子商务采纳（Y）之间关系的调节效应并不显著，没有起调节作用。

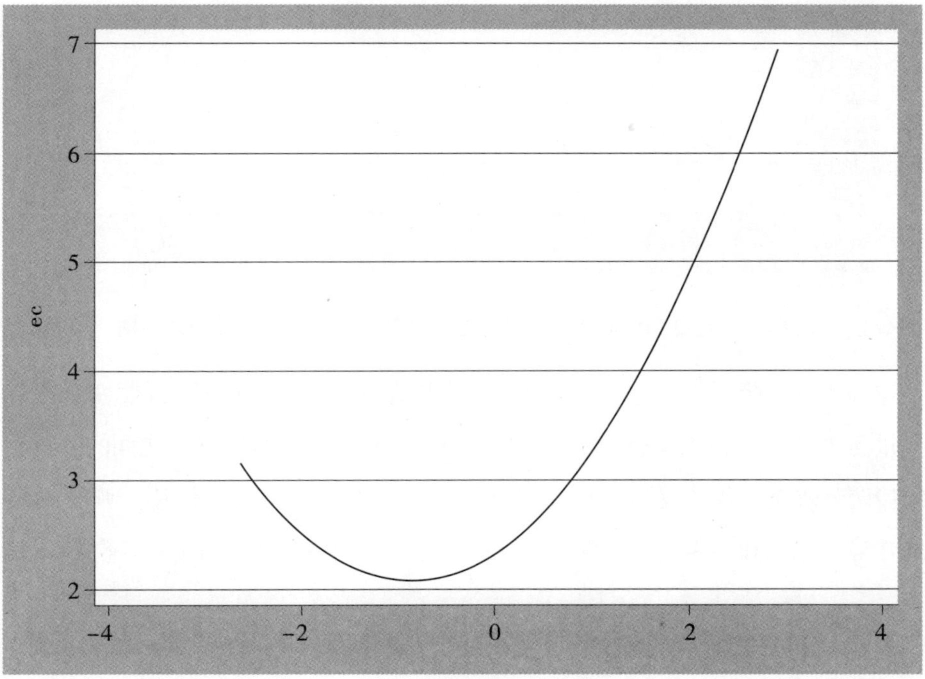

图 6－4　竞争格局对组织特性与电子商务采纳的关系的调节效果图

但当过往业绩（MO2）再加进去模型时，竞争格局（MO1）和过往业绩（MO2）各自对组织认知（ME2）和电子商务采纳（Y）之间的关系存在显著的调节效应，是直接的调节作用。过往业绩（MO2）加进模型后，对组织认知（ME2）和电子商务采纳（Y）之间 U 型正相关关系依旧维持其 U 型正相关关系。此说明过往利润起到直接的调节作用。

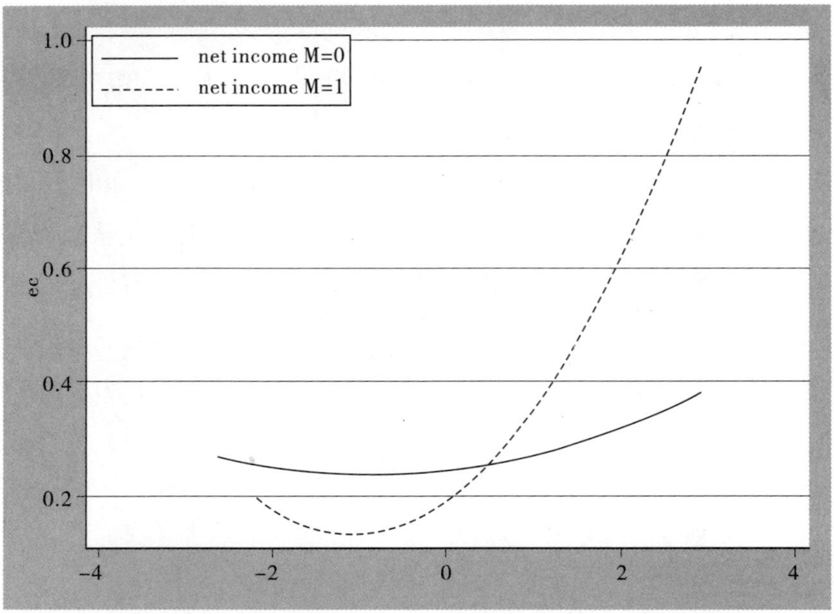

图 6-5　过往利润对组织特性与电子商务采纳的关系的调节效果图

而当两个调节变量进行交乘项后，其调节后效应依然显著，证明两个调节变量互相调节起作用并对组织认知（ME2）和电子商务采纳（Y）之间的关系起间接调节效应。调节变量过往业绩（MO2）起到了直接调节作用。调节变量MO1 竞争格局和 MO2 过往业绩的交乘项的调节作用下起到了间接调节效应。

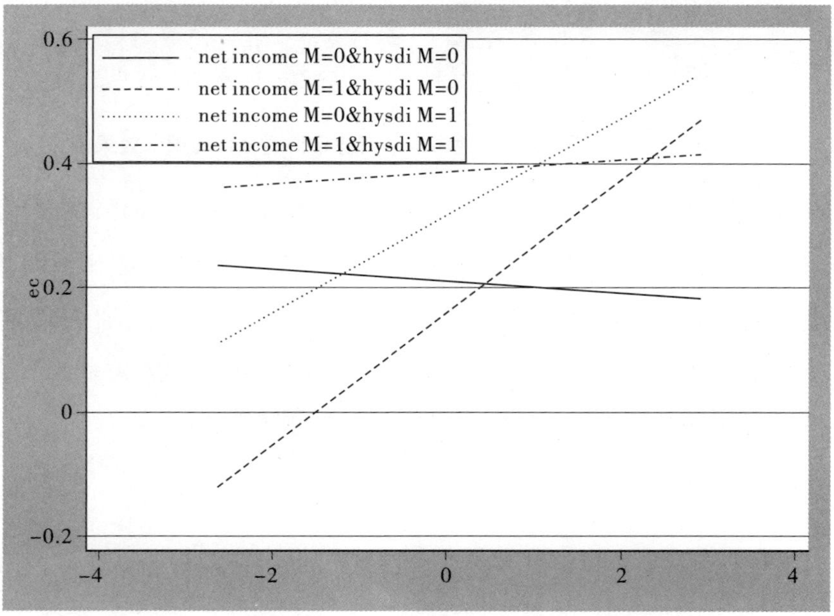

图 6-6　环境因素对组织特性与电子商务采纳的关系的调节效果图

环境因素（MO）对组织认知（ME2）与电子商务采纳之间的调节效应模型的验证结果分析：

假设 H7-b：外部环境对组织内部因素组织认知（ME2）和组织电子商务采纳（Y）之间的正相关关系存在调节作用。调节变量显示显著，即对组织认知与电子商务采纳之间的关系产生调节作用。调节变量竞争格局及过往业绩加强了组织认知对电子商务采纳的正相关效应。因为行业竞争对手电子商务的采纳会加强了同行业内尚未采纳电子商务的企业的有关概念，并且正因竞争对手的采纳，企业更会关注该领域的动向。组织的整体信息科技水平较高，对电子商务的认识和理解也大大提高。组织对信息科技认知的水平也与国家的互联网普及率显著的关系。一个相对互联网基础设施及普及率较低的落后国家，其企业的普遍电子信息科技的设备也不会太完善，因为相关供应会有所局限因而其投入及营运成本太高。截至 2014 年 6 月，中国网民人数达 6. 32 亿，其中，手机网民人数 5. 27 亿，互联网普及率达 46. 9%（中国互联网络发展状况统计报告，2014）。中国互联网的普及率正以一个飞速的态势在发展，企业的信息科技普及率也是较高的。根据国家统计局发布的 2014 年三季度经济资料，前三季度全国网上零售额 18 238 亿元，同比增长 49. 9%。其中，限额以上单位网上零售额 2888 亿元，增长 54. 8%。而此前，商务部发布的《中国电子商务报告（2013）》显示：2013 年，我国网络零售交易额超过 1. 85 万亿元，已成为全球最大网络零售市场。国民经济综合统计司司长盛来运评价说，新产业、新业态、新产品继续保持较快的增长速度，而且整个经济向中高端迈进的态势非常明显。行业的普遍采纳率也促使组织更好的接受电子商务的创新理念和预期。正因为组织对电子商务有一个基本的理解和认知，对其所带来的交易成本的降低、原产品或服务新市场管道的开拓、更优更多的全球供应链、外部内部的快捷通信所带来的决策优势等等，都有效地促进组织对电子商务的采纳。

组织对电子商务的理解及认知，主要来自内部和外部的信息接收。内部的整体信息科技水平较高，对新信息技术的动态及相关新事物的接受度会有所提升。组织内部的 IT 技术水平与电子商务系统的兼容度也存在正关系，从外部获得的认知包括行业的竞争格局、竞争对手的总体 IT 水平（包括ERP系统、CRM系统等）及竞争对手电子商务的采纳程度，也会对组织的电子商务的认知有提高效应。

案例：中国纺织服装业

据统计，2013年中国电子商务交易总额达10.28万亿元，比前一年增长26.8%。其中，纺织服装交易总额为2.38万亿元，同比增长28.65%，占全国电子商务交易总额的23.15%，继续保持了领先地位。行业的整体采纳电子商务的程度大大提升了组织对其理解，行业中竞争对手的高度采纳又迫使组织不得不进行创新采纳。“服装和家用纺织品仍然是2013年网络零售领域最热门品类，购买人群占网购人群的75.6%，位居首位。服装家纺网络零售总额合计为4900亿元，同比增长47.15%，其中服装网络零售总额为4340亿元，同比增长42.29%；家用纺织品网络零售总额为560亿元，同比增长100%。”——足见行业的上升涉电程度刺激了行业的组织加快步伐涉电。行业的整体采纳电子商务的程度大大提升了组织对其理解，行业中竞争对手的高度采纳又迫使组织不得不进行创新采纳。固步自封最终会导致市场占有率的严重下滑。正因如此，纺织服装业的高涉电普遍度会促使推动行业里组织的电子商务采纳行为。

5. 环境因素（MO）对高管认知（ME3）与电子商务采纳之间的调节效应模型的显著性验证（表）

表6-7 STATA结果6

	(1) Ec	(2) Ec	(3) Ec
Ec			
indt2	-2.280	-1.116	-0.307
	(5.837)	(4.881)	(4.655)
indt3	-2.032	-1.977	-1.524
	(6.354)	(5.133)	(5.405)
hysdi0	16.907**	14.875***	14.049***
	(1.616)	(1.970)	(1.497)
Net income0	1.055	2.666***	3.028***

续上表

	(1) Ec	(2) Ec	(3) Ec
	(1.329)	(0.903)	(1.166)
MAR	-0.170	-0.011	0.007
	(0.815)	(0.762)	(0.807)
debt0	0.214	0.547	0.526
	(0.456)	(0.337)	(0.342)
hysdi_ X_ netincome	4.999	3.306*	4.299*
	(3.510)	(1.967)	(2.405)
zztx3	1.132	0.658	0.449
	(1.075)	(0.697)	(0.888)
zztx32	-0.521	-0.398	-0.456
	(0.677)	(0.437)	(0.436)
zztx3_ X_ hysdi	3.520***	3.205***	3.528***
	(1.333)	(1.072)	(1.307)
zztx32_ X_ hysdi	-2.877***	-2.634***	-2.491***
	(0.469)	(0.576)	(0.626)
zztx3_ X_ netincome		-0.231	-0.653
		(0.942)	(1.214)
zztx32_ X_ netincome		1.272***	1.363**
		(0.435)	(0.566)
zztx3_ X_ hysdi_ X_ netincome			1.305
			(2.339)
zztx32_ X_ hysdi_ X_ netincome			-0.231
			(2.025)

续上表

	(1) Ec	(2) Ec	(3) Ec
_ cons	-13.204**	-11.522**	-11.091**
	(6.083)	(4.868)	(4.690)
lnsig2u			
_ cons	5.337***	5.153***	4.974***
	(0.161)	(0.197)	(0.205)
r2_ w			
F			
Ll	-106.408	-103.774	-105.614
chi2	244.891	136.654	150.709
N	1164.000	1164.000	1164.000

Standard errors in parentheses

* $p < 0.1$, ** $p < 0.05$, *** $p < 0.01$

6. 环境因素（MO）对高管认知（ME3）与电子商务采纳之间的调节效应模型的显著性验证（图）

从 STATA 结果显示，组织内部因素的高管认知（ME3）和电子商务采纳不存在显著相关关系。调节变量竞争格局（MO1）对高管认知（ME3）和电子商务采纳（Y）之间关系的调节效应并不显著，没有起调节作用。当调节变量过往业绩（MO2）加进模型时，其直接调节是倒 U 关系显著。

当两个调节变量竞争格局（MO1）和过往业绩（MO2）同时加进模型时，其间接调节效应并不显著。因此假设 H4-c：外部环境对组织内部因素高管认知（ME3）和组织电子商务采纳（Y）之间的正相关关系存在调节作用并不成立。

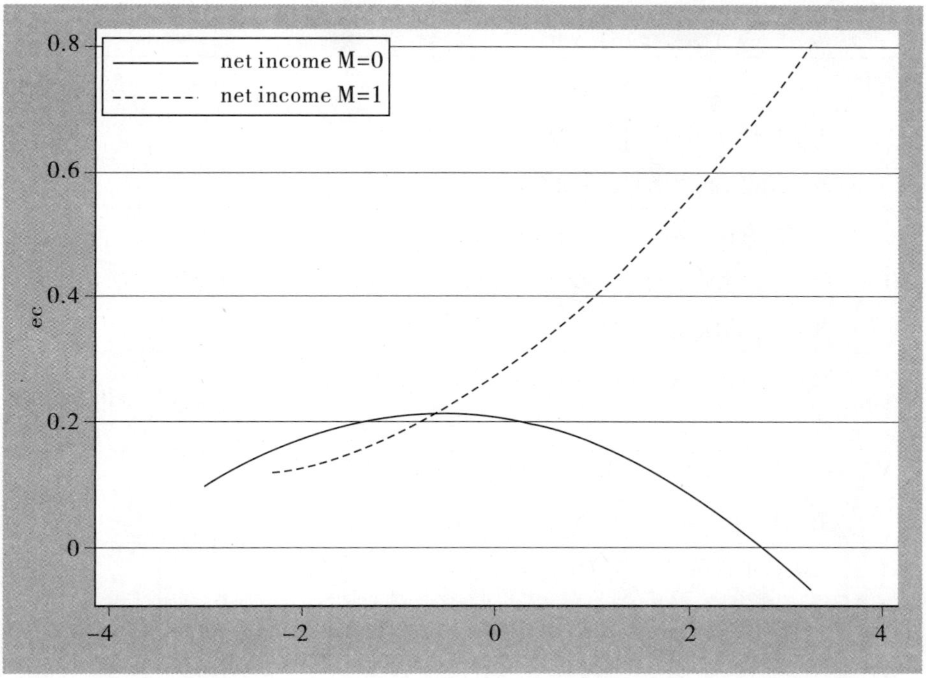

图 6－7　过往业绩对高管认知与电子商务采纳的关系的调节效果图

环境因素（MO）对高管认知（ME3）与电子商务采纳之间的调节效应模型的验证结果分析：

鉴于验证调节效应的模型里高管认知（ME3）与电子商务采纳（Y）的关系并不显著，前提关系不显著，当中的调节效应也无法立足，并不显著。因此假设 H7-c：外部环境对组织内部因素高管认知（ME3）和组织电子商务采纳（Y）之间的正相关关系存在调节作用并不成立。

六、家族治理与组织因素和电子商务采纳的中介效应模型的验证

由前述模型验证分析可以知道，本论文提出的三个中介效应模型假设：家族治理与组织特性和电子商务采纳的中介效应模型、家族治理与组织认知和电子商务采纳的中介效应模型均得到验证；家族治理与高管认知和电子商务采纳的中介效应模型并未通过验证。

从前述 STATA 的结果可知，本论文的总体假设验证结果如下表所示：

表 6－8　研究模型假设验证汇总表

假设	描述	关系作用	验证结果
H1	组织特性（ME1）在家族所有权（X1）和电子商务采纳（Y）之间起了中介效应。	中介效应	完全中介效应
H1-a	家族所有权（X1）对电子商务采纳（Y）存在正U关系，家族所有权的增加会先减弱后加强电子商务的采纳行为。	正U关系	正U关系
H1-b	家族所有权（X1）对组织特性（ME1）存在负相关关系。	负相关关系	负相关关系
H1-c	组织特性（ME1）在所有权（X1）与电子商务采纳（Y）当中起了中介效应家族所有权（X1）和组织特性（ME1）对电子商务采纳（Y）存在中介作用。	中介作用	完全中介作用
H2	组织特性（ME1）在家族控制权（X2）和电子商务采纳（Y）之间起了中介效应。	中介效应	完全中介效应
H2-a	家族控制权（X2）对电子商务采纳（Y）存在倒U关系，家族控制权的增加会先加强后弱化电子商务的采纳行为。	倒U关系	倒U关系
H2-b	家族控制权（X2）对组织特性（ME1）存在正相关关系。	正相关关系	正相关关系
H2-c	家族控制权（X2）和组织特性（ME1）对电子商务采纳（Y）存在中介作用。	中介作用	完全中介作用
H3	组织认知（ME2）在家族所有权（X1）和电子商务采纳（Y）之间起了中介效应。	中介效应	完全中介效应
H3-a	家族所有权（X1）对电子商务采纳（Y）存在正U关系，家族所有权的增加会先减弱后加强电子商务的采纳行为。	正U关系	正U关系
H3-b	家族所有权（X1）对组织认知（ME2）存在倒U关系，家族所有权的增加会先增强后减弱组织认知的程度。	倒U关系	倒U关系

续上表

假设	描述	关系作用	验证结果
H3-c	家族所有权（X1）和组织认知（ME2）对电子商务采纳（Y）存在中介作用。	中介作用	完全中介作用
H4	组织认知（ME2）在家族控制权（X2）和电子商务采纳（Y）之间起了中介效应。	中介效应	完全中介效应
H4-a	家族控制权（X2）对电子商务采纳（Y）存在倒U关系，家族控制权的增加会先加强后弱化电子商务的采纳行为。	倒U关系	倒U关系
H4-b	家族控制权（X2）对组织认知（ME2）存在正U关系，家族控制权的增加会先减弱后加强组织认购的程度。	正U关系	正U关系
H4-c	家族控制权（X2）和组织认知（ME2）对电子商务采纳（Y）存在中介作用。	中介作用	完全中介作用
H5	高管认知（ME3）在家族所有权（X1）和电子商务采纳（Y）之间起了中介效应。	中介效应	不显著
H5-a	家族所有权（X1）对电子商务采纳（Y）存在正U关系，家族所有权的增加会先减弱后加强电子商务的采纳行为。	正U关系	正U关系
H5-b	家族所有权（X1）对高管认知（ME3）存在负相关关系。	负相关关系	负相关关系
H5-c	家族所有权（X1）和高管认知（ME3）对电子商务采纳（Y）存在中介作用。	中介作用	不显著
H6	高管认知（ME3）在家族控制权（X2）和电子商务采纳（Y）之间起了中介效应。	中介效应	不显著
H6-a	家族控制权（X2）对电子商务采纳（Y）存在倒U关系，家族控制权的增加会先加强后减弱电子商务采纳的行为。	倒U关系	倒U关系
H6-b	家族控制权（X2）对高管认知（ME3）存在负相关关系。	负相关关系	不显著

续上表

假设	描述	关系作用	验证结果
H6-c	家族控制权（X2）和高管认知（ME3）对电子商务采纳（Y）存在中介作用。	中介作用	不显著
H7-a	外部环境对组织内部因素组织特性（ME1）和组织电子商务采纳（Y）之间的正相关关系存在调节作用。	调节作用	调节作用
H7-b	外部环境对组织内部因素组织认知（ME2）和组织电子商务采纳（Y）之间的正相关关系存在调节作用。	调节作用	调节作用
H7-c	外部环境对组织内部因素高管认知（ME3）和组织电子商务采纳（Y）之间的正相关关系存在调节作用。	调节作用	不显著

验证的结果并非全然与假设相符，组织特性和组织认知对家族治理及电子商务采纳之间的中介模型是被支持并成立的，当中环境因素的调节效应也被支持及成立。在中国背景下，有部分理论与西方文献所吻合，但也存在不少中国独有国情下的逻辑关系是与西方文献恰恰相反的。不仅如此，家族治理中的两个维度都存在两个截然不同的影响作用。因此，诸多变量间的关系是存在复杂多变的影响作用，有待未来更多的探索。

七、小结

本章通过国泰安数据库，收集了 293 家家族上市公司四年的公开披露资料共 1173 个面板的数据，我们对六个中介作用的主假设及三个调节作用假设作了验证。针对家族治理的两个维度，分别是家族所有权及家族控制权进行单独的中介效应模型的验证。家族所有权对家族企业电子商务采纳行为有显著的正 U 关系；组织特性在家族所有权和电子商务采纳之间起了完全中介效应。家族企业可通过调整家族所有权而影响企业的组织特性程，从而影响电子商务的采纳行为。家族控制权对家族企业电子商务采纳行为有显著的倒 U 关系；组织特性在家族控制权和电子商务采纳之间起了完全中介效应。家族企业可通过调整家族控制权而影响企业的组织特性程，从而影响电子商务的采纳行为。组织特性中介了家族控制权与电子商务采纳之间的关系，并且是完全中介效应。这一结论与国外文献有部分不一致的地方，这与中国独有的经济环境存在莫大的关系。其主要原因应是中国家族企业的成长期较国外短，家族治理对组织特性的影响会因企业的不同阶段而变化；而组织特性也因企业的年龄尚不长，组织僵化的问题并不太突出而使企业对创新改革如电子商务采纳持开放积极态度。家族所有权对家族企业电子商务采纳行为有显著的正U关系；组织认知在家族所有权和电子商务采纳之间起了完全中介效应。家族企业可通过调整家族所有权而影响企业的组织认知程度，从而影响电子商务的采纳行为。家族控制权对家族企业电子商务采纳行为有显著的倒U关系；组织认知在家族控制权和电子商务采纳之间起了完全中介效应。家族企业可通过调整家族控制权而影响企业的组织认知程度，从而影响电子商务的采纳行为。家族治理对组织认知的影响与组织特性的逻辑相符，其中中国企业的成长年龄尚短所致。不同程度的家族涉入会对企业内部的信息化要求不同而影响企业的组织认知水平。组织认知对电子商务采纳的正U关系与国外文献所吻合，证明中西方国度、组织对电子商务的认知及预期均能推动促进企业采纳电子商务采纳。

主板资料与部分资料进行后续处理，同时向十名就职于证券公司研究所且年资八年以上的行业分析师进行访谈，得出有关涉电上市公司资料。通过面板资料分析的建模手段，利用统计分析套装软件，进行模型的资料建模。本研究使用OLS回归模型统计法及Logistic Regression逻辑回归统计法进行分段假设的检验，并得到STATA11.0软件的分析结果支援本研究假设的成立。

组织内部的高管认知并不构成家族治理与电子商务采纳之间关系的中介效应作用。家族所有权对高管认知存在负相关关系；家族控制权与高管认知之间的关系不显著，高管认知与电子商务采纳之间的关系也不显著。因此高管认知的中介效应假设并不被数据支持及不成立。

最后本书针对模型的调节效应作用作出独立验证，总结出由竞争格局及过往业绩构成的组织外部因素对组织特性与电子商务采纳之间、组织认知与电子商务采纳之间的关系存在调节作用。两个调节变量当中，过往业绩较竞争格局更具调节效应。这不难解释企业在没有充分的资金实力时，再严峻的竞争格局也无法推动企业采纳电子商务行为，实属有心无力。外部因素对高管认知与电子商务采纳之间的关系的调节作用并不显著。

本研究无法验证成功的变量（如高管认知），是本书研究的不足之处。

第七章 结　论

一、家族企业电子商务采纳行为研究的影响机制

1. 本研究在国内外文献综述的基础上，提出家族治理与电子商务采纳行为的影响机制模型。通过组织特性、组织认知及高管认知等组织内部因素的中介效应，以及组织外部因素的调节作用下，实现家族治理对电子商务采纳行为的间接影响作用。本书详细分析了构成家族治理的多个维度，家族所有权及家族控制权，务求更全面的分析不同维度、不同视角之下的影响机制。

得到验证支持的具体中介效应模型如下：

组织特性在家族治理与电子商务采纳之间起了完全中介效应。组织外部因素对组织特性与电子商务采纳之间的关系存在调节作用。家族所有权负相关影响组织特性；组织特性正相关电子商务采纳。家族企业可通过降低所有权来提升组织特性，继而加强电子商务的采纳。过往业绩强化了组织特性对电子商务采纳的影响。同时，家族企业可通过提升控制权来提升组织特性，继而加强电子商务的采纳。过往业绩强化了组织特性对电子商务采纳的影响。家族企业可通过调整家族治理水平而影响组织特性，继而间接影响电子商务的采纳行为。企业的外部环境强化了其中的采纳关系。

组织认知在家族治理与电子商务采纳之间起了完全中介效应。组织外部因素对组织认知与电子商务采纳之间的关系存在调节作用。家族所有权倒U关系影响组织特性；组织认知正相关电子商务采纳。家族企业可通过

降低所有权来提升组织认知，继而加强电子商务的采纳。过往业绩强化了组织认知对电子商务采纳的影响。同时，家族企业可通过提升控制权来提升组织认知，继而加强电子商务的采纳。家族企业可通过调整家族治理水平而影响组织认知水平，继而间接影响电子商务的采纳行为。企业的外部环境强化了其中的采纳关系。

高管认知在家族治理与电子商务采纳之间并未被数据支持而验证中介效应无效。中介效应的验证无效存在多种可能性，是本书尚不完善的地方，留待未来更多学者作有关方面的探索研究。

2. 中国与国外环境下的电子商务采纳模型及非连续性创新家族影响机制模型差异：

本研究的综合模型是分别构建于预期电子商务适用理论模型（PERM model）及家族治理对非连续创新理论而推出的针对中国家族企业电子商务采纳行为的一个创新模型。本研究通过两个阶段决定因素模型，分别给两段构建于上述两个国外模型的子研究进行验证，再综合分析结果给出针对中国家族企业电子商务采纳的影响机制。PERM 理论认为：组织内部因素，特别是组织认知和组织特性较外部因素对电子商务采纳有促进影响。而在中国环境下，组织内部因素越好，组织越倾向采纳电子商务行为，特别是环境竞争越激烈组织过往利润越好的情况下，电子商务采纳更趋强化。验证结果与国外 PERM 理论相符，即在中国环境下，中国家族企业的组织特性和组织认知对电子商务采纳的驱动效应一致。

根据家族治理对非连续创新理论认为：家族影响越大，组织的制度正式化程度越低，企业越不采纳创新改革。本书提出了鉴于中国背景下新的影响关系。家族影响越大对组织正式化程度越会提高；另外，本研究同时提出两个创新理论，家族影响越大，组织认知程度越会提高；家族影响越大，高管认知程度也越会提高。

在中国的背景下，家族治理对组织内部的组织特性及组织认知是有显著的正相关关系的。家族对组织的影响越大，组织的制度正式化程度呈现越高。这一结论有别于西方的理论，中国背景是考虑的因素之一。如第三章模型建构假设时提出，中国家族企业成立时间较西方家族企业短，大部分目前还处于高速增长的成长期。本研究对象主要针对上市公司，企业都处于家族式管理下进行制度正式化的阶段。有不少正处在“去家族化”的现代经理人管理的采纳通道上。因此家族治理对制度正式化构成正相关关系。

二、研究贡献

理论意义

首先，本研究的两个子研究（家族治理对组织内部环境的影响模型及组织内部因素对电子商务采纳的影响模型，分别构建在国外家族企业非连续创新采纳机制模型及组织电子商务适用理论 PERM model 两个现有理论的基础上）均放在中国的背景下，并使用上市公司大样本资料进行统计分析，验证其理论模型在中国背景下家族企业的适用性并进行分析。这是对原有理论的补充及延伸。验证结果的差异亦说明中国背景的独特性，给现有理论针对中国国情下提供一些意见及补充。

其次，综观国内外文献，目前并没有理论聚焦于有关家族企业电子商务采纳行为的影响机制模型。原有的理论主要是分别研究企业对电子商务采纳的影响因素，及家族企业的一些相关研究，并未有任何研究把两个主体放在同一模型进行分析。本书创新地把家族治理与电子商务采纳，通过中介变量组织内部因素，找出家族治理对电子商务采纳行为的影响机制模型并加以验证分析，为这一空白领域提供一些补充研究。

最后，国内有关电子商务采纳的研究大多以案例方式对少数公司进行访谈问卷，普遍性意义有限。公司亦大多以中小型企业为主，难以反映中大型公司的实际情况。本研究以上市公司 1173 个面板的资料进行大样本分析，提高了模型的普遍性意义。

实践意义

在当今互联网全球信息化年代，第三次工业革命正席卷全球；电子商务似乎是一条不可否定而必然要踏上的路。家族企业在中国民营企业里占相当大比例，但家族企业采纳电子商务的比例并不高。其中一个原因与行业的性质有关，如石油加工、炼焦及核燃料加工业；有色金属矿采选业；化学纤维制造业；纺织业等原材料上游制造业，一般电子商务采纳度不高。但随着产业采纳升级的速度加快，国家高度重视互联网新兴产业及传统行业采纳，一些早周期行业也慢慢踏上电子商务之路，如能源互联网是未来的趋势。一些晚周期行业如消费类商业房地产及民生消费品生产类行业，有不少企业已采纳电子商务但总体行业的涉电水平不算高，由此可见尚有很大比例的家族企业仍在观望。本研究的意义在于提供给这些尚未有涉电想法的、计划涉电但未有具体涉电策略的以及正在采纳电子商务的家族企业一些实践意见：

（1）家族企业可通过提升组织制度化程度来促进电子商务的采纳；

（2）家族企业可通过提升组织认知程度来促进电子商务的采纳；

（3）家族企业可通过提升家族影响来加强组织制度化程度；

（4）家族企业可通过提升家族影响来提高组织认知程度；

（5）家族企业可通过提升家族影响来加强组织制度化程度从而来促进电子商务的采纳；

（6）家族企业可通过提升家族影响来提高组织认知程度来促进电子商务的采纳。

表面看来没有关联的两个因素——家族治理和电子商务采纳，其实在家族企业这一组织系统里存在莫大的相关性，特别是电子商务属于组织长期策略层面的决策，是一种涉及面至整个组织的创新。因此，当中的相关性能够更好地提供一些实践意见，让家族企业推行电子商务采纳更顺畅。

第八章　展　　望

政府目前对电子商务环境是持相对宽松的态度，税法和法律尚未完善。但法律方面的过松会诱发很多法律危机。建议政府对民生及企业提供更多的法律保障及指引。

本研究给企业的建议，就是借鉴本研究成立的假设，在实践中提早把潜在问题及早解决。例如组织认知，很多企业在实践中忽略了整个组织对电子商务方面的认知的重要性，企业内部认知水平的差异，直接影响每一个业务流程的决策，甚至质疑采纳的正确性。因此及早提高整体的组织认知水平能有效地把潜在问题解决在早期。

研究展望

1. 本书的研究时间界定于2010—2013年。实际上，企业的采纳升级更多发生于近期，限于本书的著作时间和资料收集，本研究采用了2008—2012年的资料。未来研究可以更多地收集近期获得的更多面板资料，以提供更好的分析与支持。

2. 基于理论水平的局限，本研究在理论上的探索尚有不完善的地方。考虑到本研究的视角为后续对电子商务创新的研究提供了开创式的尝试，后来者可以继续从制度理论和资源依赖融合的视角或更广泛的视野作更深入的探讨。

3. 由于资料收集的原因，本研究采集的资料仅限于上市公司资料。而中国的非上市公司可能更具有家族企业的代表性，后来者若条件许可，可以考虑采集中国非上市公司的资料做深入研究。

4. 本研究资料采集范围在国内，未来的研究可考虑扩展至国外的家族企业资料，应用本研究提供的理论框架，有助于丰富本理论模型。

总的来说，互联网变革是一个持续不断的升级过程。由最早的互联网购物（以 ebay. com 和 amazon. com 为代表），到国内有自己的虚拟货币结算体系（支付宝）和大型 B2B 与 B2C 交易平台（阿里巴巴平台与淘宝平台），再到商家自建商城，结合在线与线下双渠道的销售体系，这是互联网变革 1. 0。由 PC 端延伸至移动互联网，由电商至微商，电子商务和在线购物行为已不限于计算机前，这使得 24 小时购物、随时随地购物变得不再是不可能的事情，这是互联网变革 2. 0。展望未来，人工智能、 VR/AR（虚拟现实/增强现实）、人脸识别技术、云计算技术、5G 时代等，电影《头号玩家》中所呈现的景象——人们除吃饭、睡觉、解决生理需要、须在线外，其他一切日常活动皆可在在线完成——似乎已不远矣！我们有理由相信，在不久的未来，我们目前理所当然地认为很先进很便捷的生活模式和经营模式，会又一次被颠覆被改写。分散式办公、碎片化工作时段和个性化绩效管理、产业链的整合升级都使企业从外部到内部面临一个全新的挑战。移动互联网在 5G 技术推动下，视频会成为主要媒介和广告方式，虚拟场景在民生中更广泛应用也成为可能。这是我们展望的互联网 3. 0，一切今天的想象皆会在不久的未来成为现实。从 1. 0 至 3. 0，然后再到未来的 4. 0 、5. 0……，依然是互联网在变革中。世界唯一永恒不变的只有变化，而我们需要的是永怀一颗勇于变革的心！

附　　录

电子商务转型采纳调查问卷

被调查企业名称：

股票代码：

1. 该上市公司现在是否开展了电子商务？如已开展，是何时开展的？

□已经开展电子商务，自______年开展　□计划开展电子商务　□没有开展电子商务

2. 您认为该行业的电子商务发展前景如何？

□市场大，发展前景好　□目前看来还行　□一般　□前景不容乐观

3. 该上市公司采用的电商模式主要包括哪些？

□微信　□微商城　□自有商城　□淘宝及其他公共平台

4. 贵企业的盈利模式主要包括以下哪些模式？

□团购　□秒杀　□短信支付的移动电子商务

□其他：____________________

5. 贵企业所开展的上述电子商务模式的收入方式是：（可多选）

□销售产品　□会员缴纳费用　□广告　□通过支援一个交易活动来收取相关费用

□其他：______________________________

6. 贵企业开展上述电子商务的形式是：

□通过网络直接完成交易活动　□通过网络及现场共同完成交易活动

□其他：______________________________

7. 您所在企业在信息化软件和系统方面的投资大约有多少（累计数）？

____________万元

8. 您所在企业在信息化实施、人员培训及维护升级等方面的投资大约有多少（累计数）？____________万元

9. 贵企业去年网上销售收入占企业全部销售收入的比率为多少？

□50%以上　□30%～50%　□15%～30%　□5%～15%　□0～5%　□0

10. 贵企业去年网上销售收入比前年增长了多少？

□80%以上　□50%～80%　□30%～50%　□10%～30%　□0～10%　□负增长

11. 贵企业所在行业是否普遍采纳电商模式？

□基本都采用　□50%左右采用　□10%左右采用　□不清楚

参考文献

[1] ADNER R. The wide lens: a new strategy for innovation [J]. Prometheus, 2013, 31 (2): 164 – 166.

[2] ADNER R, KAPOOR R. Value creation in innovation ecosystems: how the structure of technological interdependence affects firm performance in new technology generations [J]. Strategic management journal, 2010, 31 (3): 306 – 333.

[3] AHUJA G, LAMPERT C M, TANDON V, et al. Moving beyond Schumpeter: management research on the determinants of technological innovation [J]. The academy of management annals, 2008, 2 (1): 1 – 98.

[4] AJZEN I. The theory of planned behavior [J]. Organizational behavior and human decision processes, 1991, 50 (2): 179 – 211.

[5] AMIT R, ZOTT C. Value creation in e-business [J]. Strategic management journal, 2001: 493 – 520.

[6] ANDERSON R C, REEB D M. Founding-family ownership and firm performance: evidence from the S&P 500 [J]. Journal of finance, 2003, 58 (3): 1301 – 1327.

[7] ARONOFF C E, et al. Family business sourcebook [J]. 1991.

[8] ARREGLE J L, HITT M A, SIRMON D G, et al. The development of organizational social capital: attributes of family firms [J]. Journal of management studies, 2007, 44 (1): 73 – 95.

[9] BARONTINI R, CAPRIO L. The effect of family control on firm value

and performance: Evidence from continental Europe [J]. European financial management, 2006, 12 (5): 689 -723.

[10] BARR P S, STIMPERT J L, HUFF A S, et al. Cognitive change, strategic action, and organizational renewal [J]. Strategic management journal, 1992: 15 -36.

[11] BARTH E, GULBRANDSEN T, SCHONEA P, et al. Family ownership and productivity: the role of owner-management [J]. Journal of corporate finance, 2005, 11 (1): 107 -127.

[12] BENNER M J. The incumbent discount: stock market categories and response to radical technological change [J]. Academy of management review, 2007, 32 (3): 703 -720.

[13] BENNER M J. Securities analysts and incumbent response to radical technological change: evidence from digital photography and internet telephony [J]. Organization science, 2010, 21 (1): 42 -62.

[14] BERRONE P, CRUZ C, GOMEZMEJIA L R, et al. Socioemotional wealth in family firms theoretical dimensions, assessment approaches, and agenda for future research [J]. Family business review, 2012, 25 (3): 258 -279.

[15] BERRONE P, CRUZ C, et al. Socioemotional wealth and corporate responses to institutional pressures: do family-controlled firms pollute less [J]. Administrative science quarterly, 2010, 55 (1): 82 -113.

[16] BOWER J L, GILBERT C. Manage resource allocation to craft strategy [J]. 2006.

[17] BRUTON G D, DESS G G, JANNEY J J, et al. Knowledge management in technology-focused firms in emerging economies: caveats on capabilities, networks, and real options [J]. Asia Pacific journal of management, 2007, 24 (2): 115 -130.

[18] BURGELMAN R A, GROVE A S. Strategic dissonance [J]. California management review, 1996.

[19] CARNEY M. Corporate governance and competitive advantage in

family-controlled firms [J]. Entrepreneurship theory and practice, 2005, 29 (3): 249-265.

[20] CARPENTER M A. The implications of strategy and social context for the relationship between top management team heterogeneity and firm performance [J]. Strategic management journal, 2002, 23 (3): 275-284.

[21] CHAUDHURY A, KUILBOER J. E-business and e-commerce infrastructure: technologies supporting the e-business initiative [M]. Boston: McGraw-Hill, MA, 2002.

[22] CHELARIU C, BELLO D C, GILLILAND D I, et al. Institutional antecedents and performance consequences of influence strategies in export channels to eastern European transitional economies [J]. Journal of business research, 2006, 59 (5): 525-534.

[23] CHONG S, Bauer C. A model of factor influences on electronic commerce adoption and diffusion in small-and-medium-sized enterprises [J]. PACIS 2000 proceedings, 2000: 23.

[24] CHRISMAN J J, CHUA J H, KELLERMANNS F. Priorities, resource stocks, and performance in family and non-family firms [J]. Entrepreneurship theory and practice, 2009, 33 (3): 739-760.

[25] CHRISTENSEN C M, BOWER J L. Customer power, strategic investment, and the failure of leading firms [J]. Strategic management journal, 1996, 17 (3): 197-218.

[26] DANNEELS E. The dynamics of product innovation and firm competences [J]. Strategic management journal, 2002, 23 (12): 1095-1121.

[27] DATTA P. A preliminary study of e-commerce adoption in developing countries [J]. Information systems journal, 2011, 21 (1): 3-32.

[28] DAVIS F D. Perceived usefulness, perceived ease of use, and user acceptance of information technology [J]. Management information systems quarterly, 1989, 13 (3): 319-340.

[29] DAVIS F D, BAGOZZI R P, WARSHAW P R, et al. User

acceptance of computer technology: a comparison of two theoretical models [J]. Management science, 1989, 35 (8): 982 - 1003.

[30] DEGADT J. Business family and family business: complementary and conflicting values [J]. Journal of enterprising culture, 2003, 11 (4): 379 - 397.

[31] DELIOS A, HENISZ W J. Japanese firms' investment strategies in emerging economies [J]. Academy of management journal, 2000, 43 (3): 305 - 323.

[32] DESS G G, Beard D W. Dimensions of organizational task environments [J]. Administrative science quarterly, 1984, 29 (1): 52 - 73.

[33] DISTELBERG B, SORENSON R L. Updating systems concepts in family businesses a focus on values, resource flows, and adaptability [J]. Family business review, 2009, 22 (1): 65 - 81.

[34] DUNN B. Success themes in Scottish family enterprises: philosophies and practices through the generations [J]. Family business review, 1995, 8 (1): 17 - 28.

[35] EDDLESTON K A. Commentary: the prequel to family firm culture and stewardship: the leadership perspective of the founder [J]. Entrepreneurship theory and practice, 2008, 32 (6): 1055 - 1061.

[36] EISENHARDT K M. Building theories from case study research [J]. Academy of management review, 1989, 14 (4): 532 - 550.

[37] FAMA E F, Jensen M C. Separation of ownership and control [J]. The journal of law and economics, 1983, 26 (2): 301 - 325.

[38] FARJOUN M. Beyond dualism: stability and change as a duality [J]. Academy of management review, 2010, 35 (2): 202 - 225.

[39] FILE K M, PRINCE R A, RANKIN M J. Organizational buying behavior of the family firm [J]. Family business review, 1994, 7 (3): 263 - 272.

[40] FINGAR P, ARONICA R. Death of e and the birth of the real new economy: business models, technologies and strategies for the 21st century [M]. Meghan-Kiffer Press, 2001.

[41] GÓMEZ-MEJÍA L R, HAYNES K T, Núñez-Nickel M, et al. Socioemotional wealth and business risks in family-controlled firms: evidence from Spanish olive oil mills [J]. Administrative science quarterly, 2007, 52 (1): 106 - 137.

[42] GÓMEZ-MEJÍA L R, MAKRI M, KINTANA M L, et al. Diversification decisions in family-controlled firms [J]. Journal of management studies, 2010, 47 (2): 223 - 252.

[43] GRANDON E E, PEARSON J M. Electronic commerce adoption: an empirical study of small and medium US businesses [J]. Information & management, 2004, 42 (1): 197 - 216.

[44] GREWAL R, DHARWADKAR R. The role of the institutional environment in marketing channels [J]. Journal of marketing, 2002, 66 (3): 82 - 97.

[45] HABBERSHON T G, WILLIAMS M L. A resource-based framework for assessing the strategic advantages of family firms [J]. Family business review, 1999, 12 (1): 1 - 25.

[46] HAMBRICK D C, CHO T S, CHEN M J. The influence of top management team heterogeneity on firms' competitive moves [J]. Administrative science quarterly, 1996, 659 - 684.

[47] HANNAN M T, FREEMAN J A. The population ecology of organizations [J]. American journal of sociology, 1977, 82 (5): 929 - 964.

[48] HANNAN M T, FREEMAN J A. Structural inertia and organizational change [J]. American sociological review, 1984, 49 (2).

[49] HILL C W L, JONES G R. Strategic management: an integrated approach [M]. Cengage Learning, 2014.

[50] HITT L M, BRYNJOLFSSON E. Productivity, business profitability, and consumer surplus: three different measures of information technology value [J]. Management information systems quarterly, 1996, 20 (2): 121 - 142.

[51] IBM. e-business [EB/OL]. https://www.ibm.com/ibm/

history/ibm100/us/en/icons/ebusiness/transform/.

[52] JAVALGI R G, RAMSEY R. Strategic issues of e-commerce as an alternative global distribution system [J]. International marketing review, 2001, 18 (4): 376-391.

[53] JIA F F, WANG J J. Marketing channel relationships in China: a review and integration with an institution-based perspective [J]. Journal of business research, 2013, 66 (12): 2545-2551.

[54] KALAKOTA R, ROBINSTON M. E-Business 2. 0: roadmap for success [M]. Reading: Addison-Wesley Longman Publishing Professional, 2001.

[55] KHANNA T, KOGAN J, PALEPU K G, et al. Globalization and similarities in corporate governance: a cross-country analysis [J]. The review of economics and statistics, 2006, 88 (1): 69-90.

[56] KNIGHT D, PEARCE C L, SMITH K G, et al. Top management team diversity, group process, and strategic consensus [J]. Strategic management journal, 1999, 20 (5): 445-465.

[57] KÖNIG A, KAMMERLANDER N, ENDERS A, et al. The family innovator's dilemma: how family influence affects the adoption of discontinuous technologies by incumbent firms [J]. Academy of management review, 2013, 38 (3): 418-441.

[58] KOTTER J P. Leading change: why transformation efforts fail [J]. IEEE engineering management review, 2009, 37 (3): 42-48.

[59] KUAN K K, CHAU P Y. A perception-based model for EDI adoption in small businesses using a technology-organization-environment framework [J]. Information & management, 2001, 38 (8): 507-521.

[60] LANSBERG I, PERROW E L, ROGOLSKY S. Family business as an emerging field [J]. Family business review, 1988, 1 (1): 1-8.

[61] LAWRENCE E, et al. Internet commerce: digital models for business [M]. John Wiley & Sons, 2003.

[62] LEDERER A L, MAUPIN D J, SENA M, et al. The technology

acceptance model and the world wide web [C]. Decision support systems, 2000, 29 (3): 269-282.

[63] LEE C S. Modeling the business value of information technology [J]. Information & management, 2001, 39 (3): 191-210.

[64] LEE S H, PENG M W, BARNEY J B, et al. Bankruptcy law and entrepreneurship development: a real options perspective [J]. Academy of management review, 2007, 32 (1): 257-272.

[65] LI M, YE L R. Information technology and firm performance: linking with environmental, strategic and managerial contexts [J]. Information & management, 1999, 35 (1): 43-51.

[66] LICHTENTHALER U, MUETHEL M. The impact of family involvement on dynamic innovation capabilities: evidence from German manufacturing firms. Entrepreneurship theory and practice, 2012, 36 (6): 1235-1253.

[67] MA X, YAO X, XI Y, et al. Business group affiliation and firm performance in a transition economy: a focus on ownership voids [J]. Asia Pacific journal of management, 2007, 23 (4): 467-483.

[68] MEYER K E, NGUYEN H V. Foreign investment strategies and subnational institutions in emerging markets: evidence from Vietnam [J]. Journal of management studies, 2005, 42 (1): 63-93.

[69] MILLER D, BRETONMILLER I L. Family governance and firm performance: agency, stewardship and capabilities [J]. Family business review, 2006, 19 (1): 73-87.

[70] MILLER D, BRETONMILLER I L, LESTER R H, et al. Family ownership and acquisition behavior in publicly-traded companies [J]. Strategic management journal, 2009, 31 (2): 201-223.

[71] MILLER D, BRETONMILLER I L, SCHOLNICK B, et al. Stewardship vs. stagnation: an empirical comparison of small family and non-family businesses [J]. Journal of management studies, 2007, 45 (1): 51

-78.

[72] MITCHELL W. Whether and when Probability and timing of incumbents' entry into emerging industrial subfields [J]. Administrative science quarterly, 1989, 34 (2).

[73] MOLLA A, LICKER P S. E-commerce adoption in developing countries: a model and instrument [J]. Information & management, 2005, 42 (6): 877-899.

[74] NALDI L, NORDQVIST M, SJÖBERG K, et al. Entrepreneurial orientation, risk taking and performance in family firms [J]. Family business review, 2007, 20 (1): 33-47.

[75] NAPIER H A, RIVERS O N, WAGNER S. Creating a winning e-business [M]. Cengage Learning, 2005.

[76] NELSON R R. An evolutionary theory of economic change [M]. Harvard University Press, 2009.

[77] NORRIS G, BALLS J D, HARTLEY K M, et al. E-Business and ERP: transforming the enterprise [J]. International journal of quality & reliability management, 2000, 19 (4): 486-487.

[78] NUNNALLY J C, BERNSTEIN I H. Psychometric theory. New York: McGraw-Hill, XXIV + 752 pgs. [J]. Psychometrika, 1995: 313-315.

[79] OECD. [EB/OL]https://data.oecd.org/.

[80] OLIVER C. The antecedents of deinstitutionalization [J]. Organization studies, 1992, 13 (4): 563-588.

[81] PAVLOU P A, FYGENSON M. Understanding and predicting electronic commerce adoption: an extension of the theory of planned behavior [J]. Management information systems quarterly, 2006, 30 (1): 115-143.

[82] PEFFERS K, SANTOS B L. Performance effects of innovative IT applications over time [J]. IEEE transactions on engineering management, 1996, 43 (4): 381-392.

[83] PENG M W, WANG D Y, JIANG Y, et al. An institution-based

view of international business strategy: a focus on emerging economies [J]. Journal of international business studies, 2008, 39 (5): 920 -936.

[84] PFEIFFER H K C. The diffusion of electronics data interchange [M]. New York: Springer-Verlag, 1992.

[85] POUTZIOURIS P. The (re)-emergency of growth vis-à-vis control dilemma in a family business growth star: the case of the UK Taramosalada Kings. Family business research in the third millennium—building bridges between theory and practice [J]. 2001, 88 -103.

[86] POUTZIOURIS P, PISTRUI D. Family business research in the third millennium [M]. 2001.

[87] PREMKUMAR G, ROBERTS M. Adoption of new information technologies in rural small businesses [J]. Omega-international journal of management science, 1999, 27 (4): 467 -484.

[88] RIEMENSCHNEIDER C K, HARRISON D A, MYKYTYN P P, et al. Understanding it adoption decisions in small business: integrating current theories [J]. Information & management, 2003, 40 (4): 269 -285.

[89] RIEMENSCHNEIDER C K, MCKINNEY V R. Assessing belief differences in small business adopters and non-adopters of web-based e-commerce [C]. Joint international conference on information sciences, 2016: 101 -107.

[90] RODRIGUEZ P L, UHLENBRUCK K, EDEN L, et al. Government corruption and the entry strategies of multinationals [J]. Academy of management review, 2005, 30 (2): 383 -396.

[91] ROGERS E M. Diffusion of innovations [G], 3rd ed. New York: The Free Press, 1983.

[92] SCHOUT A, NORTH D C. Institutions, institutional change and economic performance [J]. The economic journal, 1991, 101 (409).

[93] SCOTT W R. Institutions and organizations: ideas, interests, and identities [M]. Sage publications, 2013.

[94] SENGE P M. The fifth discipline: The art and practice of the learning

organisations [M]. New York: Doubleday, 1990

[95] SHANKER M C, ASTRACHAN J H. Myths and realities: family businesses' contribution to the US economy – a framework for assessing family business statistics [J]. Family business review, 1996, 9 (2): 107 –123.

[96] SHARMAN P, CHRISMAN J J, CHUA J H. A review and annotated bibliography of family business studies [J]. Springer Science & business media, 2012.

[97] SHARMA P, CHRISMAN J J, CHUA J H, et al. Strategic management of the family business: past research and future challenges [J]. Family business review, 1997, 10 (1): 1 –35.

[98] SHIH H. Contagion effects of electronic commerce diffusion: perspective from network analysis of industrial structure [J]. Technological forecasting and social change, 2008, 75 (1): 78 –90.

[99] SHURETY S. E-business with net. commerce [M]. Prentice Hall PTR, 1999.

[100] SUCHMAN M C. Managing legitimacy: strategic and institutional approaches [J]. Academy of management review, 1995, 20 (3): 571 –610.

[101] TALLON P P, KRAEMER K L, GURBAXANI V, et al. Executives' perceptions of the business value of information technology: a process-oriented approach [J]. Journal of management information systems, 2000, 16 (4): 145 –173.

[102] TEEGEN H, DOH J P, VACHANI S. The importance of nongovernmental organizations (NGOs) in global governance and value creation: an international business research agenda [J]. Journal of international business studies, 2004, 35 (6): 463 –483.

[103] TORNATZKY L G, FLEISCHER M, CHAKRABARTI A K. Processes of technological innovation [J]. Lexington Books, 1990.

[104] TURBAN E, et al. Electronic commerce: a managerial perspective [M]. Prentice Hall PTR, 1999.

[105] VILASECA A. The shareholder role in the family business: conflict

of interests and objectives between non-employed shareholders and top management team [J]. Family business review 15 (4): 299 -320.

[106] WAN W P, HOSKISSON R E. Home country environments, corporate diversification strategies and firm performance [J]. Academy of management journal, 2003, 46 (1), 27 -45.

[107] WANGY, AHMED P K. The moderating effect of the business strategic orientation on e-commerce adoption: evidence from UK family run SMEs [J]. Journal of strategic information systems, 2009, p16 -30.

[108] WEILL P, BROADBENT M. Leveraging the new infrastructure: how market leaders capitalize on information technology [M]. Cambridge: Harvard Business Review Press, 1998.

[109] ZAHRA S A, NEUBAUM D O, Larrañeta B. Knowledge sharing and technological capabilities: the moderating role of family involvement [J]. Journal of business research, 2007, 60 (10) : 1070 -1079.

[110] ZELLWEGER T M, KELLERMANNS F W, CHRISMAN J J, et al. Family control and family firm valuation by family CEOs: the importance of intentions for transgenerational control [J]. Organization science, 2012, 23 (3): 851 -868.

[111] ZHOU K Z, DAVID K T, LI J J. Organizational changes in emerging economies: drivers and consequences [J]. Journal of international business studies, 2006, 37 (2): 248 -263.

[112] ZWASS V. Electronic commerce: structures and issues [J]. International journal of electronic commerce, 1996, 1 (1): 3 -23.

[113] 陈然方. 亲族信任、治理结构与公司绩效：以中国家族上市公司为例 [J]. 世界经济，2006 (4)：77 -83.

[114] 陈欣. 家族企业信息资源管理影响因素研究 [D]. 安徽大学，2012.

[115] 储小平. 华人家族企业的界定 [J]. 经济理论与经济管理，2004，1：49 -53.

［116］党君鹏，岳云飞. 中国家族企业治理模式的路径选择［J］. 管理观察，2008（24）：79－80.

［117］国务院第三次经济普查办公室. 第三次全国经济普查主要资料公报（第一号）［R/OL］.［2014－12－16］. http://www. stats. gov. cn/tjsj/zxfb/201412/t20141216_ 653709. html.

［118］黄锐. 家族企业定义［J］. 商场现代化，2009（13）：99－100.

［119］江岩. 基于 CEO 领导行为和高管团队特征的企业创新战略导向研究［D］. 山东大学，2008.

［120］李婧，贺小刚. 高层管理团队中家族权威与创新能力研究：以家族上市公司为视角［J］. 管理学报，2012，9（9）：1314－1322.

［121］李莉. 生命周期视角的中国家族企业治理结构研究［D］. 湘潭大学，2008.

［122］李娜，王宣喻. 制度视角的家族治理与企业绩效研究——来自中德上市家族企业的对比证据［J］. 南方经济，2014，32（10）：82－99.

［123］鲁亚曦. 中国家族企业的背景与前景［J］. 四川改革，2001（7）：19－23.

［124］品善网.［N/OL］.［2012－05－25］. http://www. pinshan. com.

［125］秦广辉. 家族企业高管团队与企业绩效关系研究［D］. 首都经济贸易大学，2012.

［126］苏丹. 高层管理团队特征与战略变革关系研究［D］. 西南财经大学，2011.

［127］苏启林，朱文. 上市公司家族控制与企业价值［J］. 经济研究，2003，8：36－45.

［128］谭晓林，周建华. 影响企业电子商务采纳的关键因素研究［J］. 中国软科学，2013（01）：187－197.

［129］王厚芹. 全球电子商务的发展趋势及对我们的启示［J］. 首都信息化，2002（5）：21－23.

［130］王明琳，陈凌，叶长兵. 中国民营上市公司的家族治理与企业价值［J］. 南开管理评论，2010，13（2）：61.

［131］魏立群，王智慧．我国上市公司高管特征与企业绩效的实证研究［J］．南开管理评论，2002，5（4）：16－22.

［132］谢玲芳，吴冲锋．股权投资、超额控制与企业价值：民营上市公司的经验分析［J］．世界经济，2005，28（9）：63－69.

［133］谢伟，李培馨．影响企业电子商务采纳的关键因素［J］．经济管理，2012，20（2）：150－158.

［134］于然，周明生．家族企业生命周期及其成长困惑［J］．企业改革与管理，2005，（12）：15－16.

［135］曾庆丰．企业电子商务转型研究：基于能力的视角［D］．复旦大学，2005.

［136］张晓冬．上市公司组织特征与智力资本水平关系研究［D］．东华大学，2007.

［137］赵迎．高管团队职业背景、高管团队注意力与企业创新战略［D］．兰州大学，2014.

［138］中国互联网络信息中心（CNNIC）．中国互联网络发展状况统计报告［R/OL］，［2014－07－21］．http://www.cnnic.cn.

［139］钟乃雄．民营企业经理人行为倾向及公司治理研究［D］．暨南大学，2008.

后　　记

“互联网”一词代表了21世纪的科技潮流之一，而电子商务更是当中最具标志性的产物。因为互联网改变了人类的生活方式，电子商务更是颠覆了企业的运营模式和商业思维模式，同时创造了一批新的亿万富翁和超级企业。家族企业在这股浪潮下，应如何更好穿好这件“时尚的新衣”？笔者参与管理自己的家族企业8年，传统家族企业同样面临采纳升级的严峻局面。电子商务是一条不可回避却又无据可依的创新道路。而家族企业在这条创新道路上，还需考量非家族企业更多的一个因素——家族治理。这可能是一个推动力，也可能是一个阻力。既然家族治理在家族企业里面是一个不能忽略的因素，那么，家族企业应当知道其中的影响关系，使电子商务这一企业战略可更有利地采纳并推行，走得更远更稳。这正是本研究的初衷。

在此，我要特别感谢我的导师王霄教授。虽然老师科研工作繁重，却时刻不忘关心和指导学生，在百忙之中不忘抽出宝贵的时间给予我们指导，在学术及实践方面给了我们很多关键的指引。从本书的选题、研究方法、理论框架乃至成书出版，自始至终都得到了老师的悉心指导和无私帮助。老师不仅博学多闻，对学生对弟子更是耐心有加。老师谦逊、厚德载物、平易近人的优点，值得我们以后在工作和学习中效仿。

我还要感谢我的同门，你们在各自工作任务繁重的情况下，给予了我莫大的帮助和支持，你们乐于助人的性格和热心的帮助让我非常感动。我还要感谢我公司的创始人李伟先生，让我在实践中得以深入探索互联网变革对企业的影响，并有幸在中国新媒体互联网电商浪潮的中心，继续乘风远航。

最后，我要感谢我的家人、我的父母、我的四个孩子、和我的丈夫黄晓坤先生，你们是我完成此书的精神支柱和强大后盾。撰写此书时恰逢我怀孕，丈夫和家人给予了我莫大的爱与支持，是你们才得以使此书顺利完成。特别感谢我腹中的宝宝与我并肩作战，与我一起经历及度过人生这段意义非凡的时光。谨以此书献给我生命中最重要的你们，以此表达我对你们的爱。谢谢你们！

徐嘉莉

2020 年 6 月修订于广州